本书为国家重点研发计划课题"长江流域文明进程研究"（课题编号

2020YFC1521603）和"中华文明起源进程中的生业、资源与技术研究"

（课题编号 2020YFC1521606）及国家文物局"考古中国"重大项目

"从崧泽到良渚：长江下游区域文明模式研究"的阶段性成果

浙江省文物考古研究所公共考古与图录　第 50 号

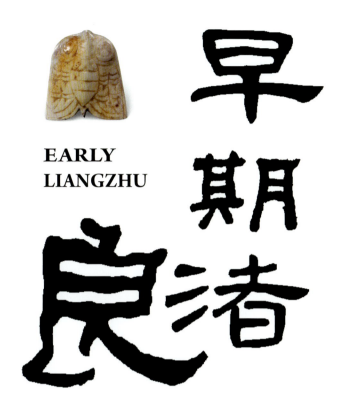

EARLY
LIANGZHU

早期良渚

良渚遗址考古特展

Archaeological Exhibition of
Liangzhu Site

浙江省文物考古研究所

良渚博物院

中国江南水乡文化博物馆

〔编 著〕

文物出版社

北京·2024

图书在版编目（CIP）数据

早期良渚：良渚遗址考古特展 / 浙江省文物考古研究所，良渚博物院，中国江南水乡文化博物馆编著. 北京：文物出版社，2024. 12. -- ISBN 978-7-5010-8574-3

Ⅰ. K878.32

中国国家版本馆CIP数据核字第2024Z7D270号

地图审核号：浙杭S（2024）44号

早期良渚——良渚遗址考古特展

编　　著　浙江省文物考古研究所
　　　　　良渚博物院
　　　　　中国江南水乡文化博物馆

责任编辑　黄　曲

责任印制　王　芳

出版发行　文物出版社
社　　址　北京市东城区东直门内北小街2号楼
邮政编码　100007
网　　址　http://www.wenwu.com
邮　　箱　wenwu1957@126.com
经　　销　新华书店
制版印刷　天津裕同印刷有限公司
开　　本　889mm×1194mm　1/16
印　　张　24
版　　次　2024年12月第1版
印　　次　2024年12月第1次印刷
书　　号　ISBN 978-7-5010-8574-3
定　　价　520.00元

序一

讲述"早期良渚"，就是讨论距今5300年前后良渚文明社会、良渚玉礼制，以及良渚中心——良渚古城所在的良渚遗址（群）格局如何形成发展等这些问题，这也就是"早期良渚"考古特展所要呈现的。

一般认为，由马家浜、崧泽、良渚一脉相承的考古学文化构成太湖流域新石器时代晚期考古学文化基本谱系，然而期间的发展历程比这简单的三段认识要复杂得多。马家浜文化的发生发展在太湖流域就不是铁板一块，陶器群中作为重要标识的炊器——釜就有平底和圜底两种截然不同的传统，太湖西部以平底釜为标识的马家浜文化骆驼墩类型或骆驼墩文化的人群应该是太湖流域最早的土著，作为崧泽文化前身的大马家浜文化其实包含丰富的江淮地区史前文化因素。当然，在太湖流域的文明化进程中，还不能对钱塘江以南从万年上山到七千年河姆渡高度发达的稻作农业社会和系统的观念信仰体系的巨大影响视而不见。崧泽文化阶段，整个长江下游甚至更大的周边范围形成了所谓"大崧泽"或"崧泽文化圈"的架势。不过，我更愿意把这一时期文化交融的激烈互动称之为"大凌家滩"，"大崧泽"最辉煌的代表一定是面积140万平方米、有两重环壕、用玉年代集中、距今5500～5300年的凌家滩。但是经过多年的区域系统调查，凌家滩的大本营显然不会在裕溪河流域，它们的大本营应该在江南、在宁镇地区，从南京北阴阳营到金坛三星村，再到张家港东山村，凌家滩玉文化在宁镇地区、浙西北山地丘陵地区有着广泛的影响。牟永抗先生曾最早提示凌家滩刻纹玉版与玉琮结构之间的密切关系，凌家滩文明先锋队的接力棒应该交给了良渚，他们后来直接成为良渚文明的主要缔造者。

如此大规模人群和精英集团的移动有着天时地利人和的各种原因，距今5500年前后发生全球降温、海平面下降的气候事件是重要的催发剂，这导致各地人群生业经济、社会组织等发生革命性变化，在太湖流域原先的沼泽湿地适宜耕作、适宜营建高台居住和生活丧葬，尤其是杭嘉湖平原地区，崧泽文化遗址开始爆发式密集出现，并在距今5300年前后达到第一波高峰。良渚所在的簸箕形小区域和"C"形大盆地，更占据环境、资源的优势，尤其是玉石、森林和水资源的优势。在良渚文明先驱精英们的带领下，他们有目的、有计划地在此安营扎寨，迅速开始了良渚古城和水利系统建设的千年大计。

早期良渚遗址簸箕形的核心范围北依大遮山，南靠大雄山，西起瓶窑吴家埠，东至良渚荀山，远达临平玉架山，面积逾1000平方千米。中村慎一教授最早注意到瑶山M9圆琮的年代学意义，提出这是与张陵山M4一样的良渚早期墓葬。随着良渚庙前良渚早期小墓等考古发现的佐证，以及近些年大雄山周边石马兜、官井头、北村等重要发现，可以断定瑶山M9是迄今为止良渚遗址发现的最高等级的最早墓葬。瑶山祭坛和墓葬复合遗址的年代可以上溯到距今5300年前后的崧泽文化晚期至良渚文化早期，王一级的墓地已经出现。值得欣喜的是，最近瑶山周边发现有大聚落的苗头，很有可能那里是早期良渚核心所在。

相对于早期良渚的瑶山，大雄山区域显得更清晰一些，早期良渚在这个区域非常"复杂化"，除了官井头、北村等高等级墓葬，北村

还出现了不同阶层的分隔，稍远的玉架山M200用玉制度与瑶山最高等级女性墓基本一致，且不相上下，说明在早期良渚阶段，已经形成了跨区域的高度凝聚社会。这一时期，礼制出现的指示器玉钺早已经出现，琮和神像已经一锤定音，因为是早期良渚，神像设计的一些构成元素被广泛发现，如圆雕玉龙和图案化的龙首纹，玉蝉翅膀上的羽线，等等，这些图像资料为讨论神像的图意提供了极大的启发。早期良渚圆雕玉龙与红山文化玉龙形制完全一致，只是个体大小有别，这是继七八千年前东北亚地区玉环玦、玉弯条形器传播到江南后的第二次重要文化和观念交流（第三波是商周时期东北亚地区的石棚墓突然出现在温州地区），如此超区域、长距离的观念意识形态交流和共鸣为中华文明"多元一体"特征埋下了伏笔。早期良渚玉龙在太湖流域分布甚广，但出土数量不多，多集中在良渚遗址，充分说明神像的设计和确定就是在良渚遗址完成。早期良渚女性权贵在用玉制度等级上似乎不亚于男性权贵，说明早期良渚之后良渚社会组织结构也在不断改进，这时的璜和圆牌组合是最早的原始玉组佩，作为组佩的圆牌和串戴的大孔环璧不久就发展定型为典型的良渚玉璧。也是从早期良渚开始，包括神祖像的确立，神祖像和代表王权的玉钺、代表宇宙观的玉琮的结合，玉器种类和组合、形制和纹样、数量和品质的用玉制度就成为良渚文化的重要内涵。用玉制度的区分也成为良渚文化中心与区域中心、与边缘，高等级和次

等级聚落，以及拥有者不同身份、等级的重要标识，这样的用玉制度就是中华文明礼制物化表现形式的源头，这样的用玉制度的成组玉器与夏商周时期青铜制品一样，都成为东亚地区进入文明社会的特有标志，也就是中华文明出现的特殊性标志，这也是提出"玉器时代"概念作为中华文明起源和发展特征的本意。

主宰良渚玉器、与象征良渚宇宙观琮密切相关的良渚祖先神像——神人兽面像的出现，是早期良渚的重大事件，这一人形化的图像从复合形式、动作姿态、图像元素构成、繁简系统等判断，就是得到了良渚社会普遍认同的太阳神式祖先神像，即邓淑蘋先生提出的古人观念中表达神祇、祖先、神灵动物三位一体可相互转型的"神祖"。这样的祖神，良渚和肖家屋脊是开创者。虽然不同形式和繁简的神祖像被雕琢在璜、冠状器、三叉形器等玉器上，但是琮是神祖像最为重要的表达场所，图案化的神祖像展现在琮外壁对称的四角，具象的神祖像展现在琮四个对称的直槽中。复式节琮立面结构的四面八方、天人合一、二方连续图案和中轴构成的天旋地转，赋予了琮上的神祖"无极之外复无极也"的意境，这是东亚地区稻作农业社会最高成就的古文明的宇宙观，是古代中国宇宙观的奠基者。以玉琮、玉钺为核心的用玉礼制构建的良渚文明则成为中华文明的先行者，是"古国时代"阶段最有证据表明已迈入早期国家或王国的文明。成组玉礼器的出现就是《越绝书》风胡子对答楚王"夫玉亦神物也"

提到的"圣主使然""大王有圣德""精神若此"的本意，它们成为"经国家，定社稷，序民人"的"礼"和"礼制"，"唯器与名，不可以假人"的"器"。《左传》记载仲尼所谓"名以出信，信以守器，器以藏礼，礼以行义，义以生利，利以平民，政之大节也。"中国古代玉器起源早，在新石器时代尤其是东部地区非常发达，成为社会复杂化和文明化进程的重要标志，是中华文明起源和发展的最重要的特点，这才是中华文明模式的根本。

考古学是根据古代人类通过各种活动遗留下来的实物以研究人类古代社会的历史，这里的实物不是展柜里罗列的考古标本和遗迹说明，而是它们背后的聚落和社会、观念和思想等各个方面，这是复原古代"大历史"的重要内容。从田野调查、发掘到资料整理、报告出版，再到博物馆的不同切面的历史情景呈现、考古遗址公园的沉浸式保护展示，都是考古学的目的和任务，有着完整的不可分割的工作链。正因为如此，通过考古普及读物面向大众，通过博物馆考古展览面向大众，是考古面向社会阐释古代历史的重要途径。作为"中华文明探源"重大项目之一的良渚考古，就应该承担不容推卸的责任和义务。

浙江省文物考古研究所前辈和同仁长期扎根良渚考古，为良渚古城遗址申遗提供了研究阐释和保护展示的扎实的科学依据，为良渚和中华文明研究探索作出了重大贡献。良渚博物院自良渚文化博物馆建馆开始，就以良渚考古展示和宣教为己任，与浙江省文物考古研究所保持非常密切默契的关系，员工之间结下了深情厚谊，学术团队之间合作勠力同心，良渚博物院常设展，以及"权力与信仰——良渚遗址群考古特展"北京大学赛克勒考古与艺术博物馆特展、"良渚与古代中国——玉器显示的五千年文明"故宫博物院特展等都取得了很好的反响，切实做到了考古资源的有效配置和作用的充分发挥。考古工作如何延伸历史轴线，增强历史信度，丰富历史内涵，活化历史场景，在浙江省文物考古研究所和良渚博物院的精诚合作下更得到了充分体现。本次两家单位年轻同仁主导策划的"早期良渚——良渚遗址考古特展"又是志同道合的一例，这本图录就是大家辛勤劳动结晶的再次见证。

今年，良渚港北岸浙江省考古与文物保护基地一期工程就要落成竣工，隔岸相接的良渚博物院二期也应该建设在望，衷心希望两家单位和两家单位的同仁们继续保持友谊合作，共同持续推进国家文物局"考古中国"之"长江下游区域文明模式研究"的良渚重点考古项目，共同持续推进世界文化遗产良渚古城遗址的保护利用，深入挖掘良渚文化价值和意义。祝良渚考古越来越进步，良渚博物院越来越好！

方向明

2024 年 2 月 16 日

序二

　　尽管考古学的诞生还不过两百年，是非常年轻的学科，但它是人类现代知识体系中极为重要、最有成绩的一支。考古学在不断创造"历史"的同时，也在不断地改写着"历史"。良渚遗址和良渚文化的考古工作，是中国考古学发现"历史"、改写"历史"的重要践行者，自1936年施昕更先生首先发现并发掘良渚遗址以来，四代考古人筚路蓝缕，接续奋斗，取得了一系列考古发现和学术研究的重大成果，为中国五千多年的文明史提供了独特的见证，成就了"五千年中国看良渚"的绚丽华章。

　　由浙江省文物考古研究所、良渚博物院、中国江南水乡博物馆联袂策划举办的"早期良渚——良渚遗址考古特展"，是良渚遗址考古工作从"发现历史、改写历史"到"呈现历史、讲好历史"的自觉尝试和探索。更难能可贵的是，特展并不满足于近年来各地频频举办的考古发现成果展的内容与形式，而将考古发现与课题研究糅合为一体，是带着明确学术目标的探索性展览。它以"前夜良渚""早期良渚""盛世良渚"三个篇章，以考古发现的丰富遗迹、遗物等作为展品素材，将良渚实证中华五千多年文明史的宏大叙事，以及"考古中国""中华文明探源工程"中研究性、学术性、专业性极强的"从崧泽到良渚：长江下游区域文明进程研究""中华文明起源进程中的生业、资源与技术研究"等课题的阶段性成果，转化为良渚博物院展厅内跟社会和公众共享的可视化展项。这种展示阶段性考古发现和学术课题研究成果的自觉性和自主性，充分体现了良渚考古人对于诠释和讲好良渚故事、良渚价值孜孜以求的社会责任感。考古学需要在与社会和公众的交流互动中获得反馈，认识和确立自身的定位和社会价值，而"早期良渚"展览的成功举办，无疑也是对考古人长期扎根良渚考古的敬业奉献和坚守执着的最好回报。

在《良渚古城遗址申报世界文化遗产提名文件》（即良渚《申遗文本》）中，我们将良渚古国概括为"一个以稻作农业作为经济支撑，出现了明显社会分化和统一信仰的区域性早期国家"，而支撑这一判断的是良渚古城规模宏大的城址、功能复杂的外围水利系统、体现社会等级显著分化的分等级墓地等一系列相关遗址，以及以具有信仰与制度象征的系列玉器为主的出土物等价值要素和价值特征。讨论"早期良渚"，便是讨论良渚文化早期，即距今5300~5000年间，良渚文化的文化特征，良渚文化的权力与信仰中心是如何形成的，良渚文明的源头在哪里，良渚王国是如何形成和发展的，等等问题。我曾在《新地里》考古发掘报告中，把良渚文化早期分为早、晚两段。早期早段，环太湖地区良渚文化的特征性器物群业已萌芽并逐渐形成，但在良渚遗址、苏南—沪西、嘉兴—沪南、常州—无锡、湖州—宜兴等几大区域间，仍存在着明显的器类与形制差异。到了早期晚段，以琮、璧、钺为特征的玉器群和以鼎、豆、壶为特征的陶器群，才逐步形成成熟的组合。作为良渚文化玉器上纹饰主题，不仅完成了由龙首纹向兽面纹的关键性演变，也实现了神人兽面组合"神徽"图像的塑造和推广，因此，"早期良渚"可视为环太湖地区内部各大区域间文化观念整合与认同的时期。但单就良渚遗址而言，"早期良渚"主要是讨论和呈现在环太湖地区良渚文化发展的大背景下，

良渚古城遗址那些价值要素和价值特征萌芽及其发展壮大的原因与过程。

而在良渚古城遗址众多的价值要素和价值特征中，可以抽绎出稻作、城市、玉器三个关键要素，来聚焦良渚遗址最突出的价值特征，以及5000多年前良渚作为早期国家的社会形态和信仰特征。

理解稻作，对于理解良渚文明至关重要。稻作是良渚文明的经济基础。在世界早期文明中，古埃及、两河流域、古印度、玛雅，包括中国的黄河流域，都是在小麦、大麦、黍、粟、玉米等旱作农业经济基础上发展产生的文明，而良渚，是在湿地稻作农业经济基础上发展壮大的文明。

良渚文化传承发展了长江下游地区稻作农业的传统，尤其是崧泽文化晚期产生的犁耕稻作传统，并将其规模水平推进到了前所未有的高度，不仅创造性地将石犁与石镰、石刀、斜把破土器等组装石制农具配套使用，发展出了同时期器形最丰富、功能最齐全的组合稻作农业工具，而且田亩的规模、田间管理的水平也发展到了令人吃惊的地步。生业的独特性自然导致了经济社会、文化信仰等方面的种种独特性，试想，为什么会在良渚遗址发现规模庞大、功能复杂的大型水利系统？为什么良渚文化的玉器制作得这般精美？为什么在良渚文化中会首先出现神人兽面组合的"神徽"信仰？答案恐怕都跟规模化犁耕稻作农业的精细化管理及其产生的精神信仰脱不了干系。

实行规模化犁耕稻作农业后一个显而易见的后果，便是人们通过利用已掌握的天文历法气象物候等知识、漫长而复杂的田间管理，以及忍辱负重的劳作与团队协作，逐渐改变了从采集狩猎到早期稻作农耕阶段听天由命的被动命运，物质生活资料的获取不再是不可掌控的天赐，农耕的付出与自然的回馈间形成了良性的循环。天文历法、气象物候、春耕夏种秋收冬藏、灌溉排涝等源自祖先的知识和经验，更被视作农耕民族极其宝贵的文化传统。

可以说，正是以崧泽文化晚期石犁出现为表征的犁耕，促进了稻作农业生产效率的大幅提升，为环太湖地区经济社会发展提供了殷实的物质基础。而良渚文化时期规模化、复杂化的犁耕稻作经历及其成果，也使得作为人类的主体意识迅速觉醒并自我膨胀，祖先的地位遂日益彰显，祖先崇拜逐渐在神崇拜体系中后来居上，占据越来越显赫与突出的地位。这应该是良渚文化神人兽面组合"神徽"图像（也有学者称之为"神祖纹"）出现的社会背景，也是良渚文化神人兽面组合"神徽"图像，无论在玉琮还是其他造型的玉器上，都毫无例外地以神人居上、兽面居下格式出现的主要原因。我们如果将视野放大至同时期的世界，不难发现埃及的狮身人面像、两河流域的人面牛身像或人面翼兽像等，也存在着神人（法老、国王）与兽组合、神人在组合中处于显要与突出地位的共同特征。这种各大文明起始阶段的巧合难道仅仅只是巧合吗？它们有没有共同的象征意义？

城市是文明的重要标志。严文明先生说过："都城是国家物化形式的集中表现，是各种文明因素的总汇。"中国史前的城址，目前已发现数百座，这些分布在中国大地不同区域的城址，是一道道非常醒目的人文景观，好像历史长河中一座座高耸的纪念碑，把野蛮和文明两个阶段清楚地区分开来。良渚古城作为"中华文明探源"工程重点研究的四大都邑性遗址中年代最早的都邑，不仅为实证中华五千年文明史提供了最为直接、最为典型的例证，还为提出判断文明标准的中国方案提供了最完整、最有力的支撑。

虽然目前考古发掘获得的碳十四测年数据，还没有彻底弄清良渚古城的始建及最初使用年代，但距今5100～4900年间（属于早期良渚的年代范围）营建使用的外围水利系统，从空间和年代关系来分析，很难判断是跟良渚古城无关的独立的大型水利工程，相反，大型水利系统跟古城时空交集、关系密切到视之为古城的配套工程亦不为过。因此，尽管在631万平方米的良渚古城外城、280万平方米的内城区域内，目前较少发现确凿的早期良渚阶段的遗址和遗迹遗物，但作为"人类文明史上早期城市文明的杰出范例"，作为良渚人精心规划和营造的权力与信仰空间，良渚古城有着宏大的城市格局、突出的选址特征、明确的规划理念、显著的功能分区、明显的等级秩序、因地制宜的营造技术和罕见的科学水平等的典范价值，然而，所有这些价值特征的形成，不可能一蹴而就，从古城的规划和营造来说，先有配套的大型水利系统，后有城市主体（宫殿区、内城城墙等），似乎也不符合规划营造的逻辑次序。因此，"早期良渚"毋庸置疑当是良渚古城崛起并脱颖而出的关键期。

经过考古发掘和勘探，631万平方米的良渚古城范围内，未发现有良渚文化时期的水稻田，当时古城范围内不种植水稻，没有以此谋生的农民。内城宫殿区及其附近，居住着王、贵族和城市的管理者，西侧是反山王陵和高等级贵族墓地。内城南北向的主河道钟家港东侧，则集中分布着制作玉器、漆木器、骨角牙器、石钺等高端手工业作坊。城内城外形成了明显的城乡分野。然而，在内城宫殿区东、南两侧，却发现了大量的炭化稻谷遗存，其中，莫角山宫殿区南侧的池中寺，发现炭化稻谷总量不少于20万公斤。通过对出土炭化稻谷的DNA检测，还发现这些稻谷是广源性的，来自不同的产地。良渚古城这种显著的功能分区、城市布局及其反映出对于资源（并不局限于稻谷等食物资源）的超强的调度和控制能力，显然也应归于早期良渚精心规划和设计的结果。

玉器跟良渚遗址在早期良渚时期迅速崛起的关联度更为密切。良渚遗址在崧泽文化时期还是个乏善可陈、默默无闻的小角色（相对于张家港东山村、嘉兴南河浜、青浦崧泽而言），但突然在良渚文化早期迅速崛起，一举坐上环太湖地区的头把交椅。对于良渚遗址爆发式崛起的原因，目前还无法得到确切答案，但良渚

遗址及其周边多处制玉作坊遗址的发现，使我们有理由相信依托天目山脉玉矿资源的制玉优势，应是良渚遗址狂飙突进不容忽视的动因。

良渚遗址处于天目山余脉大遮山丘陵与大雄山丘陵之间，为一长10多千米、宽在0.5千米至3千米左右的扇形冲积平原，地形狭窄，并常有山洪水患之虞，环境并不利于稻作农业生产，但富含沼泽、山林、水源和各类野生动植物资源，沼泽环境提供了制作薄胎陶器所需的黏土，山林则提供了制作漆木器的木材和生漆、制作石器的素材以及玉器制琢所必需的玉料资源。《山海经》称天目山为"浮玉之山"，"多金玉"，足见其留在古人心目中重要产玉地的印象。余杭南庄桥遗址圆形玉坯件弃余物和石质"辘轳承轴器"的出土，表明良渚遗址周边立足于天目山余脉的玉器制琢，早在马家浜文化时期就已开始出现。良渚石马兜遗址的出土物显示崧泽文化时期该区域制玉传统的传承和发展。

到了良渚文化早期，良渚遗址所在区域内，软玉的制琢和使用有了爆炸式的突飞猛进。北村、官井头、瑶山、梅园里、梅家里等良渚文化早期贵族墓葬里，玉器随葬品较之于前期崧泽文化阶段，有了明显的丰富和发展。凭此，似乎又可推断当地居民在毗近的山溪沟谷内发现软玉资源，并开展大规模开采使用的时间，也应起始于良渚文化早期。由于此时玉器已逐渐成为社会政治和宗教生活中具有决定性意义的资源，因而凭借着令人羡慕的资源优势以及

长期制玉形成的技术优势，良渚遗址及其周边地区不仅迅速成为良渚文化最重要的玉器制琢中心，而且也借着玉器制琢的东风迅速获取在政治、经济、宗教等领域的支配权，从而摇身一变为整个环太湖地区良渚文化的权力与信仰中心，营造祭坛、水坝和城市，在环太湖地区呼风唤雨。

从崧泽文化到良渚文化，神崇拜载体由陶向玉的转换过程，与《国语·楚语下》中谈到的"绝地天通"有许多相通之处。从"夫人作享，家为巫史，无有要质"的无拘无束，到"绝地天通"的壁垒森严，自由奔放的崧泽之美，被规范严谨的良渚之美取代，是神崇拜领域"绝地天通"宗教改革和神权垄断的需要，也是农业社会发展的必然结果。

玉器虽然在崧泽文化中也是重要的文化因素，但总体而言，玉器在崧泽文化精神信仰和精神生活中，尤其在神崇拜领域中，尚未取得主体的地位（《早期良渚：良渚遗址考古特展》中称之为"璜的时代"）。而良渚文化主要以琮、璧等抽象几何形体的玉器作为神崇拜的载体，出现了环太湖地区高度认同的神人兽面组合"神徽"图像（主神）。当然，这一转化过程中的种种线索与细节，如外来的龙首纹如何转化为本土的兽面纹，玉琮是怎样诞生的，玉璧何以从装饰用的小璧发展为形体庞大的玉礼器，等等，都是"早期

良渚"需要关照的环节。

玉器原材料的稀缺性、获取与制琢的专业性和复杂性等，均远远超过陶器。玉器制作，尤其是那些琢刻神崇拜偶像的玉器，不再是人人可及的普通手艺，需要非常专业的技能和长期的培训。将玉器作为神崇拜的主要载体，显然加大了普通民众参与神偶制作的难度，便于显贵者阶层对神权的垄断，从而获取对整个社会的支配权。环太湖地区良渚文化在早期良渚阶段，承袭江淮地区凌家滩的衣钵——良渚文化玉器对凌家滩玉器的传承，显然不是一种"橘生淮南为橘，生于淮北为枳"的直接移栽，而是对玉器作为神崇拜载体的观念继承——将玉器的宗教礼仪功能发挥到了极致，并变本加厉，通过精神信仰的控制，实现了社会的高效运作，从而成为距今5300～4300年间中国史前文化的领跑者。

在"早期良渚：良渚遗址考古特展"成功举办后，浙江省文物考古研究所、良渚博物院和中国江南水乡文化博物馆有意共同出版展览图录。受浙江省文物考古研究所方向明所长之嘱，让我也写个序言。在此，我向从事良渚遗址考古工作的几代考古人致以崇高敬意！并衷心感谢浙江省文物考古研究所、良渚博物院和中国江南水乡文化博物馆诸多为展览辛勤付出的同仁！期待三方这种精诚合作的友谊长久持续，并不断结出新的硕果！

蒋卫东

2024 年 9 月 12 日

前言

　　1936年良渚遗址的发现给世人认识长江流域史前文化打开了一个窗口。而今，经过80余年四代考古人的努力，考古工作取得丰硕成果，良渚古城遗址的宏大格局已经得到基本揭示。王陵、祭坛、宫庙、城墙、水利系统……在考古人的手铲下，这些要素一一浮现。五千年前的良渚已进入早期国家和成熟文明社会，逐渐成为我们的共识。

　　2019年7月6日，良渚古城遗址成为中国第55处世界遗产，良渚考古和研究也进入新的历史阶段。国家文物局"考古中国"之"从崧泽到良渚：长江下游区域文明模式研究"和国家重点研发计划课题"长江流域文明进程研究"也先后立项和启动。

　　良渚文化持续近千年，经历了何种变化？良渚文明的源头在哪里？良渚王国是如何形成和扩张的？近年来，北村、官井头、玉架山等遗址的发现，为我们破解这一谜题提供了新的线索。"早期良渚：良渚遗址考古特展"便是解答这些疑问的一次新尝试。

【左页图】
玉琮王（反山 M12：98）神徽图像

目 录

◆ 考古资料显示，距今约7000年，马家浜文化的先民踏上了良渚所在的这片「C」形盆地，沿着山前的台地定居下来，这一时期遗址数量并不多。其中马家浜早期阶段仅发现一处遗址，即吴家埠遗址。而马家浜晚期阶段遗址数量略有增加，目前发现10余处遗址，包括庙前、吴家埠、梅园里、张家墩、官庄、小古城、南湖、南庄桥、茅山、方山等。

◆ 距今5900年至距今5300年，崧泽文化时期的遗址在良渚一带也有少量发现，但遗址数量相比马家浜文化并无明显增长。崧泽早期明确的遗址仅石马兜一处，另在小古城和余山脚下发现零星崧泽早期的遗物。崧泽晚期遗址数量又有一定增加，达20余处。

第一单元

前夜
良渚

1.1

文化脉络

■ "C"形盆地文化发展脉络图

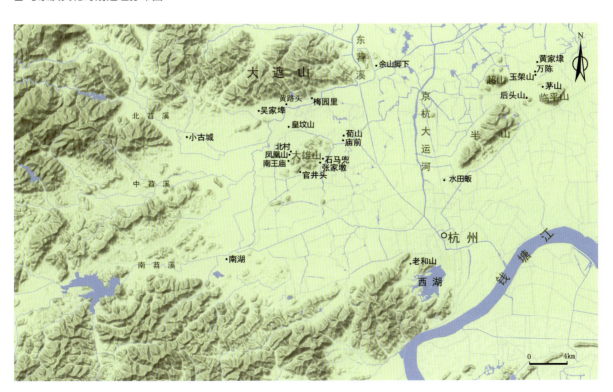

▲ 马家浜文化时期遗址分布图

▲ 崧泽文化时期遗址分布图

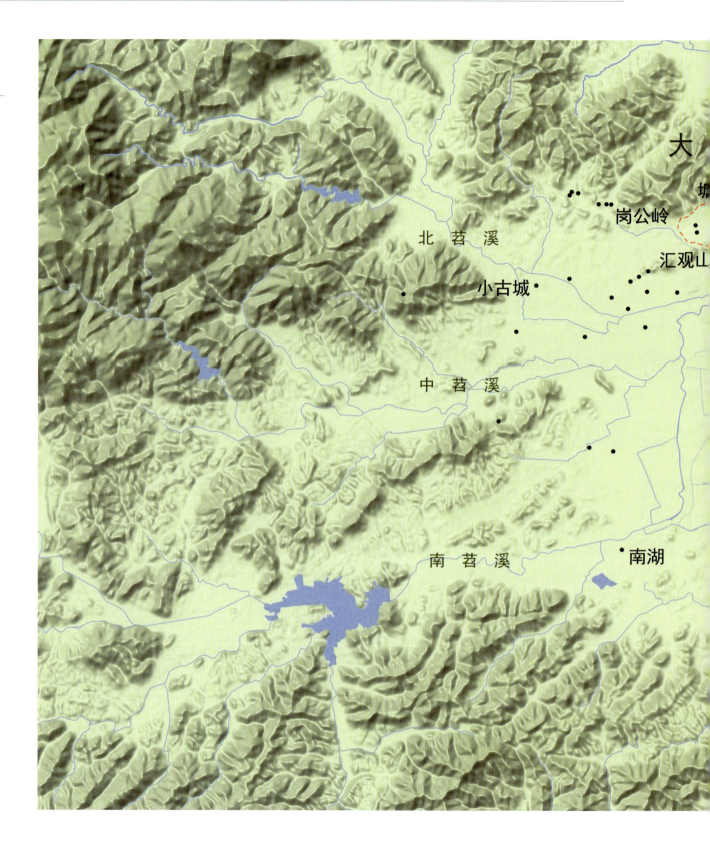

大

塘

岗公岭

汇观山

北苕溪

小古城

中苕溪

南苕溪

南湖

东苕溪

山

瑶山

良渚遗址群

大雄山

庙前

京杭大运河

超山

玉架山

茅山

临平山

半　　山

钱塘江

杭州

西　湖

0　　　　4km

▲ 良渚文化时期遗址分布图

1.2

崧泽风格

———

崧泽文化尤其是崧泽文化晚期，陶器种类多样，主要有鼎、豆、杯、壶、罐等器类，器形形制多样、大小不一，器物上常见各种形式的编织纹和动物雕塑，并可见彩绘涂漆等现象，形成了特征鲜明的"崧泽风格"[1]。

[1] 赵辉：《从"崧泽风格"到"良渚模式"》，《权力与信仰：良渚遗址群考古特展》，文物出版社，2015年。

官井头遗址

● 官井头遗址位于良渚遗址群南侧大雄山丘陵的太璞山南麓，地属杭州市余杭区良渚镇七贤桥村，南距东西大道近 200 米。2008 年，当地村民在遗址东南部取土时曾出土璧、镯、梳背等良渚文化玉器残件。2012 年初，因良渚文化村"七贤郡"房产项目启动，浙江省文物考古研究所派员调查勘探，正式确认官井头遗址并探明其分布面积为 1 万多平方米。随后 2013 年 3 月至 2013 年 7 月，开展正式考古发掘。共计揭露面积 6600 平方米，清理崧泽文化墓葬 55 座、建筑遗迹 1 处、灰沟 1 条、灰坑 9 个，良渚文化墓葬 51 座、成组石砌遗迹 1 处、建筑基址 6 处、灰沟 1 条、灰坑 13 个，出土各类文物 1200 余件。整个遗址大致分为三个阶段，第一阶段为崧泽文化晚期墓地，第二阶段为良渚文化早期墓地，第三阶段为良渚文化晚期大型成组石砌遗迹及零星墓葬和建筑遗迹。||||||||||||||||||||||

● 崧泽文化墓地以 G3 为界分为东、西两片墓区，西区似围绕 F3 呈环形分布，东区大体斜向成排分布。55 座墓均为竖穴土坑，坑壁多数较明显。墓葬头向多半朝南，少半朝北。墓坑长度大多在 1.80～2.80 米之间，宽度在 0.60～0.90 米之间。墓坑长度超过 3 米、宽度超过 1 米的仅 M77 一墓，此墓长 3.45 米，宽 1.20 米，残深 0.28 米，随葬品相对较多，其中有多件玉器。墓坑最小的为 M104，系小孩墓，长仅 1.40 米，宽 0.50 米，残深 0.12 米。人骨架均已不存。有葬具痕迹的仅 M24 一墓。绝大多数墓的随葬品数量不足 10 件（平均不到 5 件），仅 3 座墓的随葬品在 10 件以上，其中最多的 M62 共随葬 18 件器物，内含 7 件玉器。随葬品共计 273 件，其中陶器 198 件、石器 43 件、玉器 32 件。陶器有鼎、豆、罐、盆、甑、杯、过滤器、缸、壶、钵、纺轮等，石器有锛、钺、纺轮、凿、刀、镞、耘田器等，玉器有璜、镯、玦、坠饰、隧孔珠、管等。陶器多数成堆放置于墓主脚部；石器中石钺均出自墓主腰部，其他器类大多在墓主脚部陶器附近；玉器则多见于墓主胸腹部。||||||||||||||||||||||

资料来源：

浙江省文物考古研究所：《良渚官井头遗址崧泽文化遗存》，《浙北崧泽文化考古报告集》，文物出版社，2014 年。

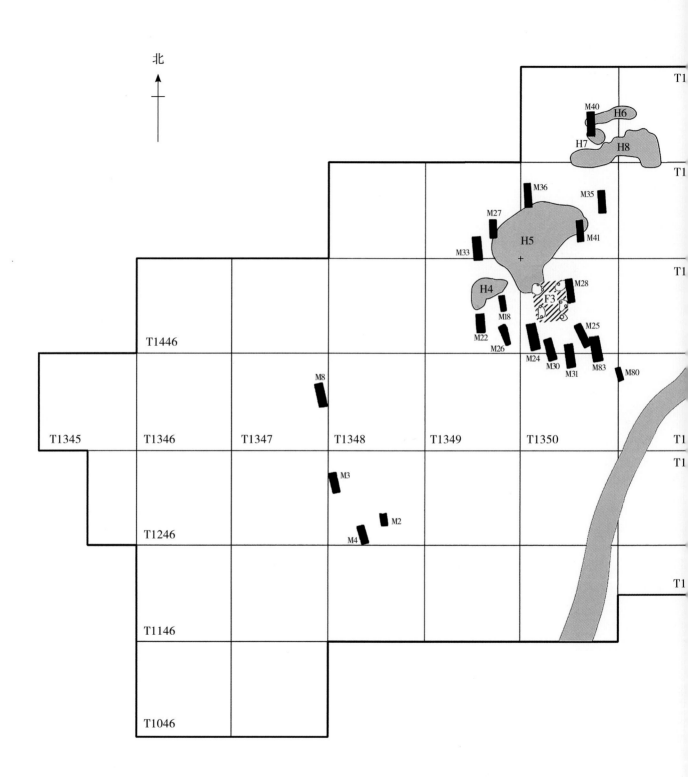

北

T1
M40 H6
H7 H8
T1
M36
M35
M27
M33 H5 M41
+
T1
H4 M28
F3
M18 M25
M22
M26 M24 M83
M30 M31 M80
T1
T1446
M8
T1345 T1346 T1347 T1348 T1349 T1350 T1
T1
M3
M2
T1246 M4
T1146
T1046

▲ 官井头遗址崧泽文化遗迹分布图

G3

M52

M46

M78

M60

M85

M73

M43

M74

M91

M67

M45

M71

M70

M42

M53

M77

M62

M58

M66

M93

M101

H9

52   T1353

M100

T1356   T1357

M99

M97

M86   M88   M98

H19

M95

102

M96

H20

M104

M103

M105

H22

崧泽墓葬

建筑遗迹

灰沟、灰坑

0   10 米

下以官井头 M24、M30、M41、M62、M83 等 5 座崧泽文化晚期墓葬为例介绍墓地出土陶器。

▲ 官井头 M24 出土陶器组合

▲ 官井头 M30 出土陶器组合

▲ 官井头 M41 出土陶器组合

▲ 官井头 M62 出土陶器组合

M24

◎ 位于 T1450 西南角。开口于第 5 层下，打破第 6A 层。长方形竖穴土坑，直壁，平底。开口距地表 1.40 米。长 2.70 米，宽 0.90 米，深 0.51 米。方向 355°。墓坑内填偏黄的灰褐色沙土，夹杂零星石块，土质较硬实。人骨架已不存。有葬具痕迹，葬具范围长 2.30 米，宽 0.60 米。随葬品共计 8 件，分别为陶鼎、罐、豆各 1 件，石锛 1 件、石刀 1 件、石凿 3 件。除陶鼎位于墓主头部，其余陶器和石器皆放置于墓主脚端。

▲ 官井头 M24 平、剖视图

1. 陶鼎 2. 陶罐 3. 陶豆 4. 石锛 5、7、8. 石凿 6. 石刀

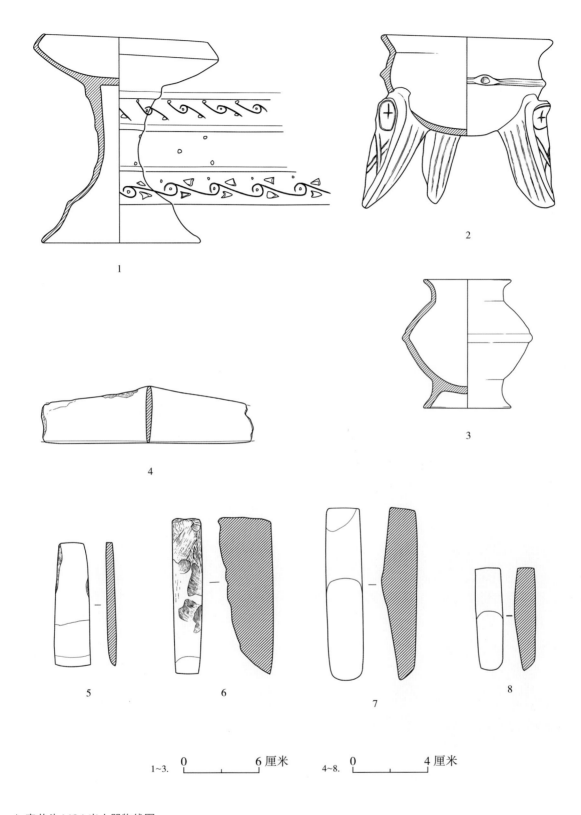

1~3.　0 ———— 6 厘米　　4~8.　0 ———— 4 厘米

▲ 官井头 M24 出土器物线图

1.陶豆（M24：3）　2.陶鼎（M24：1）　3.陶罐（M24：2）　4.石刀（M24：6）　5.石锛（M24：4）　6～8.石凿（M24：8、7、5）

❶

❸

❷

▲ 官井头 M24 出土陶器组合

❶陶鼎（M24:1） ❷陶罐（M24:2） ❸陶豆（M24:3）

M30

◎　位于 T1350 西北部，局部延伸到 T1450 内。开口于第 5 层下，打破第 6A 层。长方形竖穴土坑，直壁，平底。开口距地表 1.30 米。长 2.30 米，宽 0.80 米，深 0.40 米。方向 167°。墓坑内填灰褐色沙土，夹杂石块，土质较结实。人骨架、葬具不存。随葬品共计 5 件，分别为陶鼎 2 件，陶杯、豆、甑各 1 件。所有陶器集中放置于墓主脚端。

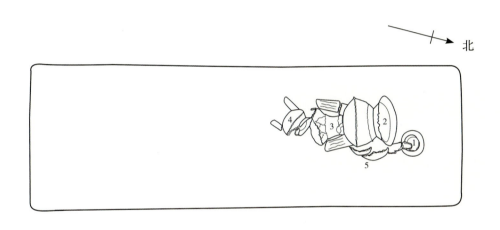

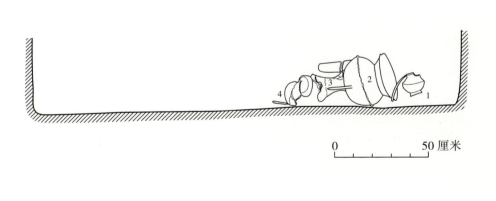

北

0　　　　　50 厘米

▲ 官井头 M30 平、剖视图
1.陶杯　2、4.陶鼎　3.陶豆　5.陶甑

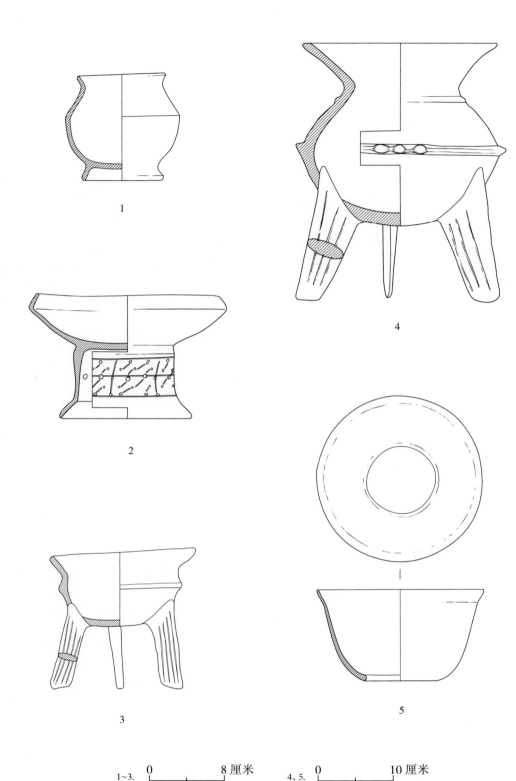

1～3. 0 _____ 8厘米   4、5. 0 _____ 10厘米

▲ 官井头 M30 出土器物线图

1.陶杯（M30：1）　2.陶豆（M30：3）　3、4.陶鼎（M30：4、2）　5.陶甗（M30：5）

①

②

③

④

⑤

▲ 官井头 M30 出土陶器

❶ 陶杯（M30：1） ❷ 陶鼎（M30：2） ❸ 陶豆（M30：3） ❹ 陶鼎（M30：4） ❺ 陶甑（M30：5）

M41

◎　位于 T1550 东南部。开口于第 5 层下，打破 H5 和第 6A 层。长方形竖穴土坑，直壁，墓底北高南低呈斜坡状。开口距地表 1.30 米。长 2.30 米，宽 0.70 米，深 0.17 米。方向 357°。墓坑内填灰褐色斑土，质硬。人骨架、葬具不存。随葬品共计 7 件，分别为玉坠饰、管、隧孔珠各 1 件，石钺 1 件，陶鼎、带盖豆、罐各 1 件。玉器皆出在墓主胸腹部，石钺位于墓主右手侧，陶鼎、豆、罐集中放置在墓主脚端。

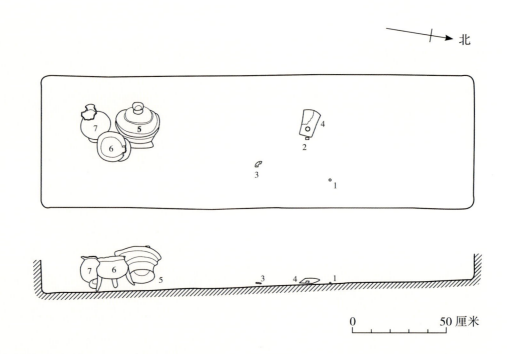

▲ 官井头 M41 平、剖视图

1. 玉隧孔珠　2. 玉管　3. 玉坠饰　4. 石钺　5. 陶带盖豆　6. 陶鼎　7. 陶罐

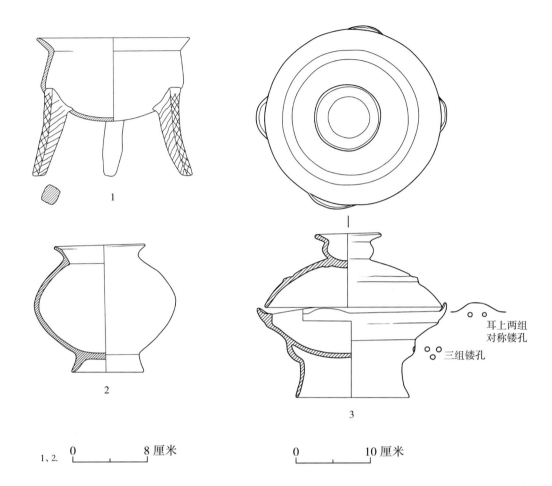

耳上两组
对称镂孔

三组镂孔

1、2. 0 ——— 8 厘米

0 ——— 10 厘米

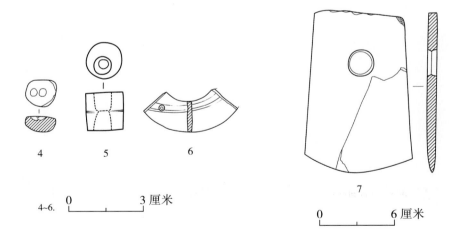

4~6. 0 ——— 3 厘米

0 ——— 6 厘米

▲ 官井头 M41 出土器物线图

1. 陶鼎（M41:6）　2. 陶罐（M41:7）　3. 陶带盖豆（M41:5）　4. 玉隧孔珠（M41:1）　5. 玉管（M41:2）　6. 玉坠饰（M41:3）

7. 石钺（M41:4）

❶

❷

❸

▲ 官井头 M41 出土陶器

❶ 陶带盖豆（M41：5） ❷ 陶鼎（M41：6）

❸ 陶罐（M41：7）

M62

◎　位于 T1456 中北部，开口于第 5 层下，打破第 6 层。长方形竖穴土坑，直壁，平底。开口距地表 1.35 米。长 2.84 米，宽 0.90 米，深 0.28 米。方向 352°。墓坑内填黄褐色花土，质较软。人骨架、葬具已朽不存。随葬品共计 18 件，分别为玉镯 1 件、璜 1 件、玦 1 件、圆牌 1 件、坠饰 2 件、隧孔珠 2 件、石纺轮 1 件、陶鼎 2 件、罐 1 件、豆 1 件、圈足盘 1 件、甗 2 件、碗 1 件、缸 1 件。玉镯位于右手腕处，其他玉器位于墓主胸腹部。陶圈足盘见于墓主头部，似枕于头下，其他陶器集中放置于墓主脚端，其中 17 号甗压在夹砂缸下。石纺轮出自 13 号陶碗内。

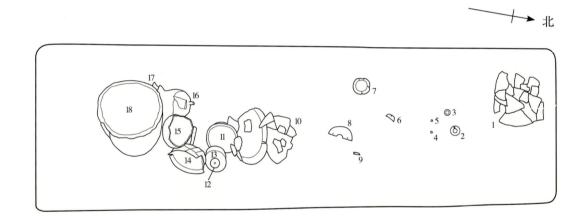

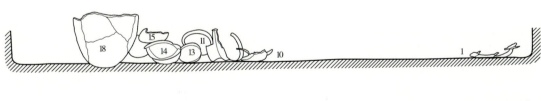

0　　　　　50 厘米

▲ 官井头 M62 平、剖视图

1.陶圈足盘　2.玉玦　3.玉圆牌　4、5.玉隧孔珠　6、9.玉坠饰　7.玉镯　8.玉璜　10.陶豆　11、17.陶甗　12.石纺轮　13.陶碗　14、16.陶鼎　15.陶罐　18.陶缸

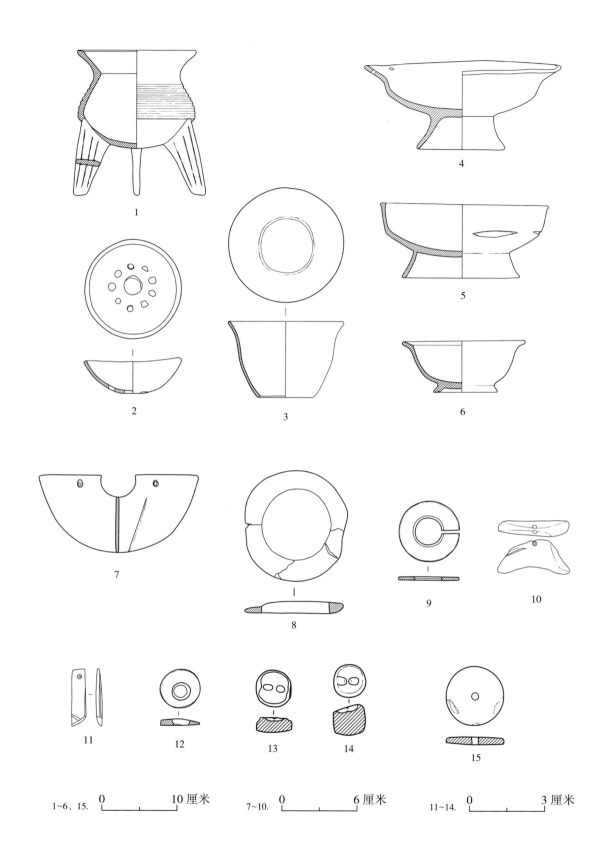

▲ 官井头 M62 出土器物线图

1. 陶鼎（M62：16）　2、3. 陶甗（M62：11、17）　4. 陶圈足盘（M62：1）　5. 陶豆（M62：10）　6. 陶碗（M62：13）　7. 玉璜（M62：8）

8. 玉镯（M62：7）　9. 玉玦（M62：2）　10、11. 玉坠饰（M62：6、9）　12. 玉圆牌（M62：3）　13、14. 玉隧孔珠（M62：5、4）

15. 石纺轮（M62：12）

❶

❷

❸

❹

❺

▲ 官井头 M62 出土陶器

❶ 陶圈足盘（M62：1）　❷ 陶豆（M62：10）

❸ 陶甗（M62：11）　❹ 陶碗（M62：13）

❺ 陶鼎和甑（M62：16、17）

M83

◎ 位于 T1350 和 T1450 内。开口于第 5 层下，打破第 6A 层。长方形竖穴土坑，直壁，平底。开口距地表 1 米。长 2.80 米，宽 1.05 米，深 0.35 米。方向 175°。墓坑内填灰褐色花土，土质紧密。人骨架、葬具不存。随葬品共计 10 件，分别为石刀、纺轮各 1 件，陶鼎 3 件、盆 2 件和豆、罐、过滤器各 1 件。除石刀位于墓主头端，所有陶器均放置于墓主脚端，石纺轮也发现于 5 号陶鼎内。

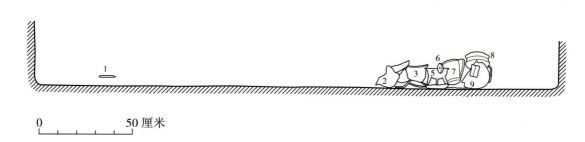

0　　　　　50 厘米

▲ 官井头 M83 平、剖视图

1. 石刀　2、5、8. 陶鼎　3、9. 陶盆　4. 陶罐　6. 石纺轮　7. 陶过滤器　10. 陶豆

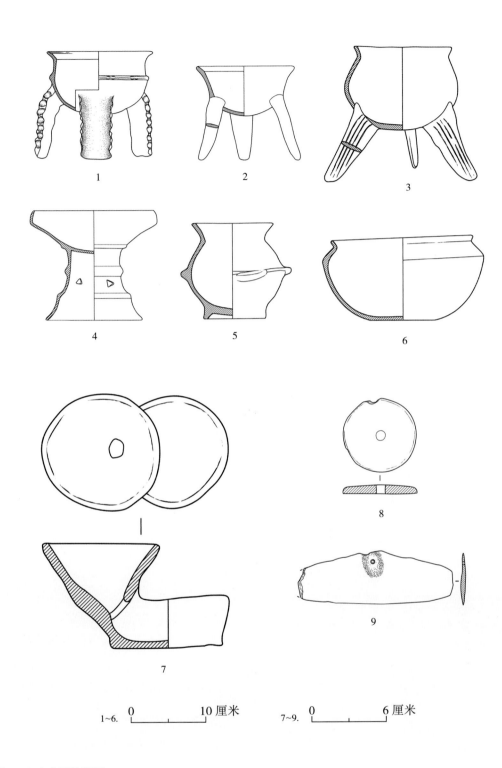

1~6. |0————————10 厘米| 7~9. |0————————6 厘米|

▲ 官井头 M83 出土器物线图

1～3. 陶鼎（M83:8、5、2）　4. 陶豆（M83:10）　5. 陶罐（M83:4）　6. 陶盆（M83:9）　7. 陶过滤器（M83:7）　8. 石纺轮（M83:6）

9. 石刀（M83:1）

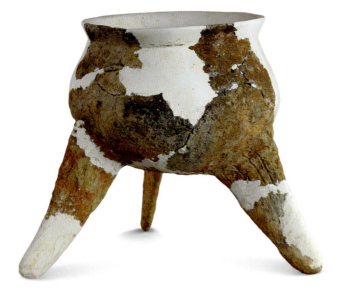

❶

❷

❸

❹

❺

❻

❼

▲ 官井头 M83 出土陶器

❶ 陶鼎（M83：2） ❷ 陶罐（M83：4）

❸ 陶鼎（M83：5） ❹ 陶过滤器（M83：7）

❺ 陶鼎（M83：8） ❻ 陶盆（M83：9）

❼ 陶豆（M83：10）

北村遗址

● 北村遗址位于瓶窑镇凤都路与前程路交叉口南侧，遗址面积约 8 万平方米。为配合瓶窑镇凤都路南延项目及配套的安置房建设，同时也为了了解遗址的堆积情况、性状及年代，探索良渚古城外围遗址分布及它们之间的相互关系，2020 年和 2021 年经国家文物局批准，对其进行了两个年度的发掘，共布设 10 米 ×10 米的探方 120 个，发掘面积共计 12000 平方米。

● 发掘区以遗址中部的自然山体为界，分为北村南和北村北两个地块。整个遗址共清理崧泽文化晚期至良渚文化时期房址 72 座、灰坑 200 座、围沟 1 条、灰沟 26 条、水井 3 口、灶 2 座、古河道 1 条、墓葬 140 座，另有数量较多的马桥文化至历史时期（汉六朝、唐宋元、明清）房址、灰坑、灰沟、井、窑、灶、墓葬等遗迹。||||||||||||||||||||||||||||

● 其中北村南布设 10 米 ×10 米探方 78 个，发掘面积 7800 平方米，共发现崧泽文化晚期房址 41 座、灰坑 52 座、灰沟 8 条、墓葬 32 座，良渚文化时期房址 26 座、灰坑 54 座、围沟 1 条、灰沟 14 条、水井 3 口、灶 1 座、古河道 1 条、墓葬 17 座。北村南地点崧泽文化晚期房址、墓葬均较多，说明该地点在崧泽晚期已有一定规模人群聚居。房址均为柱洞式建筑，面积较小，保存一般，未见居住面、灶等配套遗迹。墓葬一般分布于房址周边，显示居葬合一的特色，墓葬等级均较低，总体为一般平民居住区和墓地。

资料来源：

姬翔、陈明辉、王宁远：《良渚早期发展阶段的重要突破——浙江北村遗址考古发掘收获》，《中国文物报》2021 年 10 月 9 日。
浙江省文物考古研究所、杭州市良渚遗址管理区管理委员会：《杭州市余杭区北村遗址北村南地点2020～2021 年良渚文化遗存发掘简报》，《考古》2024 年第 6 期。

下以北村 M28、M29、M105、M116、M128、M133、M135、M140 等 8 座崧泽文化晚期的墓葬为例介绍出土的陶器。

▲ 北村 M28 完工照

▲ 北村 M29 完工照

▲ 北村 M105 完工照

▲ 北村 M116 完工照

▲ 北村 M28 出土陶器组合

▲ 北村 M29 出土陶器组合

▲ 北村 M105 出土陶器组合

▲ 北村 M116 出土陶器组合

▲ 北村 M128 出土陶器组合

▲ 北村 M133 出土陶器组合

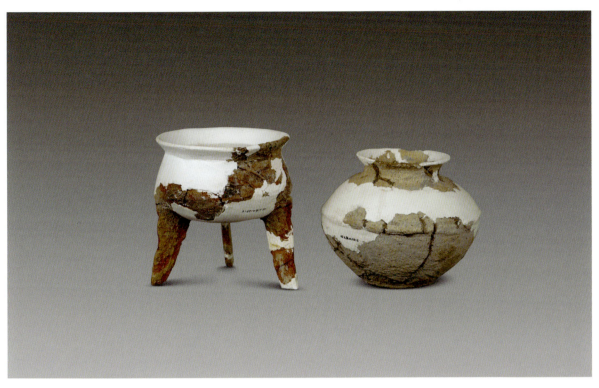

▲ 北村 M135 出土陶器组合

▲ 北村 M140 出土陶器组合

❶

❷

▲ 北村 M28 出土陶器

❶ 陶豆（M28∶1）

❷ 陶罐（M28∶2）

❸ 陶鼎（M28∶6）

❸

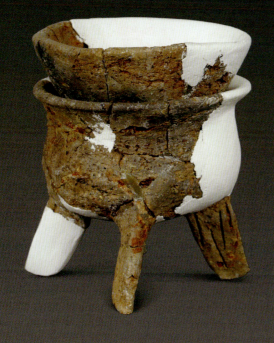

▲ 北村 M29 出土陶器

❶ 陶鼎和甗（M29:4、5） ❷ 陶罐（M29:1）

❸ 陶豆（M29:3） ❹ 陶圈足盘（M29:2）

❶

❷

❸

▲ 北村 M105 出土陶器组合

❶ 陶豆（M105:4）

❷ 陶鼎（M105:5）

❸ 陶罐（M105:6）

❶

▲ 北村 M116 出土陶器

❶ 陶豆（M116：1）

❷ 陶鼎（M116：3）

❷

▲ 北村 M128 完工照

▲ 北村 M133 完工照

▲ 北村 M135 完工照

▲ 北村 M140 完工照

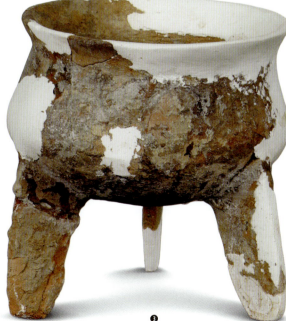

▲ 北村 M128 出土陶器

❶ 陶豆（M128:2）

❷ 陶罐（M128:3）

❸ 陶鼎（M128:4）

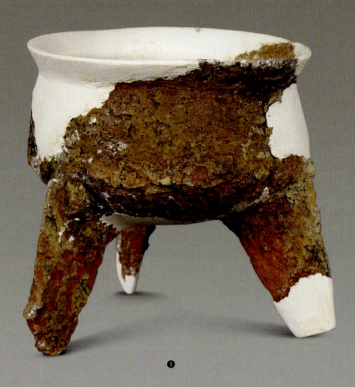

❶

❷

❸

▲ 北村 M133 出土陶器

❶ 陶鼎（M133：1）

❷ 陶圈足盘（M133：2）

❸ 陶罐（M133：3）

▲ 北村 M135 出土陶器

❶ 陶圈足盘（M135：3）

❷ 陶鼎（M135：4）

❸ 陶罐（M135：5）

❶

❷

❸

❹

▲ 北村 M140 出土陶器

❶ 陶带盖豆（M140:1）

❷ 陶带盖鼎（M140:2）

❸ 陶罐（M140:3）

❹ 陶鼎（M140:5）

❺ 陶过滤器（M140:6）

❺

● 石马兜遗址位于杭州市西北约 20 千米，地属杭州余杭区良渚镇石马兜村。2004 年上半年，因良渚文化村建设项目浙江省文物考古研究所对大雄山东南麓进行考古调查时发现。经国家文物局批准，于 2004 年 9 月至 2005 年 7 月对石马兜遗址进行了抢救性发掘，发掘面积约 3000 平方米，此次发掘为石马兜遗址的第一次发掘。2007 年 11 月至 2008 年 1 月，遗址西南部的民房被拆除后，又进行了第二次发掘，发掘面积 1000 余平方米。两次发掘共清理崧泽文化墓葬 83 座、良渚文化墓葬 1 座，崧泽文化灰坑 33 座、良渚文化晚期灰坑 2 座，崧泽文化石器加工遗迹 1 处，以及汉、晋至宋代的墓葬、窑址、水井、灰坑等遗迹。||||||||||||||||||||||||||

● 绝大多数崧泽文化墓葬发现长方形竖穴土坑，墓坑长 1.7～2.5 米，宽 0.6～1.1 米，现存深 0.2～0.3 米。多为南北向或东北—西南向，少数为东西向。葬具与人骨基本不见，据随葬品判断，崧泽文化早期的墓葬头向主要是北向，部分墓葬头向南，而晚期开始流行头南足北的葬式。83 座墓葬共出土随葬品 482 件，以陶器为主，共 300 件，另有石器 153 件、玉器 28 件、骨器 1 件。绝大部分墓葬随葬品数量为 2～10 件。陶器组合以鼎、豆、罐为主，另有少量壶、钵、盆、盉、匜、杯、盘、甑、釜、过滤器等。陶器以素面为主，纹饰主要有刻划纹、压印纹、剔刻纹、镂孔、弦纹、附加堆纹、戳印纹等。除陶器外，玉石器也占出土遗物的较大比例。石器数量较多，共 153 件，器类主要有锛、凿、钺及少量的砺石、石镰等。玉器共 28 件，主要有璜、玦、环（镯）和各种坠饰。||||||||||||||||||

资料来源：

浙江省文物考古研究所：《良渚石马兜遗址发掘简报》，《浙北崧泽文化考古报告集》，文物出版社，2014 年。

北

▲ 石马兜遗址遗迹分布图

（涂灰的为崧泽文化遗迹）

下以石马兜 M2、M7、M33、M45、M48、M59 等 6 座崧泽文化晚期墓葬为例介绍出土的陶器。

▲ 石马兜 M2 出土陶器组合

▲ 石马兜 M7 出土陶器组合

▲ 石马兜 M33 出土陶器组合

▲ 石马兜 M45 出土陶器组合

▲ 石马兜 M48 出土陶器组合

▲ 石马兜 M59 出土陶器组合

❶

❷

❸

▲ 石马兜 M2 出土陶器

❶ 陶过滤器（M2:1）

❷ 陶罐（M2:2）

❸ 陶鼎（M2:3）

❹ 陶鼎（M2:4）

❺ 陶甗（M2:5）

❻ 陶圈足盘（M2:6）

❼ 陶豆（M2:7）

❹

❺

❻

❼

M7

◎ 位于 T1304 西南部，部分伸入 T1303 北隔梁。开口于第 2 层下，打破第 3 层。长方形竖穴土坑墓，墓坑长 2.3 米，宽 0.74 米，深 0.13～0.3 米。填土为灰褐色黄斑土，较硬。人骨腐朽不存，据随葬品判断头向南，方向 183°。随葬品 8 件，玉璜、坠饰各 1 件，陶鼎 3 件、豆 2 件、罐 1 件。玉璜和玉坠饰位于墓坑南端，头部置一陶罐，其余随葬品则集中分布于墓坑北端即脚端，其中陶豆倒置。

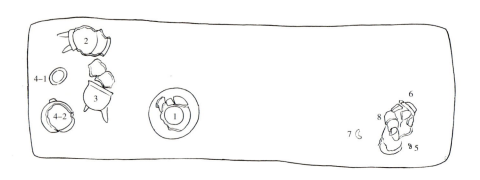

北 ←——

0 ————— 50 厘米

▲ 石马兜 M7 平面图

1.陶豆 2、3.陶鼎 4.陶带盖鼎 5.玉坠饰 6.陶小豆 7.玉璜 8.陶罐

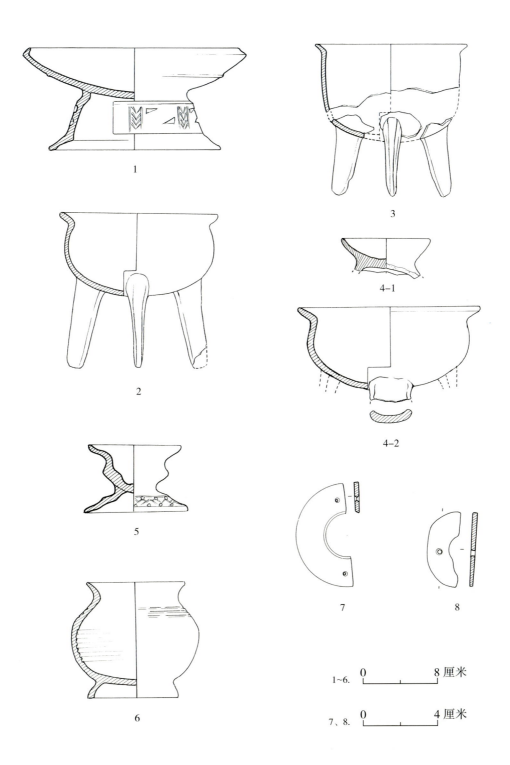

▲ 石马兜 M7 出土器物线图

1. 陶豆（M7:1）　2、3. 陶鼎（M7:2、3）　4. 陶带盖鼎（M7:4）　5. 陶小豆（M7:6）　6. 陶罐（M7:8）　7. 玉璜（M7:7）
8. 玉坠饰（M7:5）

❶

❷

❸

❹

▲ 石马兜 M7 出土陶器

❶ 陶豆（M7:1）

❷ 陶鼎（M7:2）

❸ 陶鼎（M7:3）

❹ 陶鼎（M7:4-2）

❺ 陶罐（M7:8）

❺

❶

❷

▶ 石马兜 M33 出土陶器

❶ 陶壶（M33：6）

❷ 陶壶（M33：1）

❸ 陶过滤器（M33：2）

❹ 陶鼎（M33：3）

❸

❹

①

②

③

④

⑤

⑥

▲ 石马兜 M45 出土陶器

❶ 陶盉（M45：2）

❷ 陶豆圈足（M45：3）

❸ 陶甑（M45：4-1）

❹ 陶鼎（M45：4-2）

❺ 陶罐（M45：6）

❻ 陶过滤器（M45：7）

❼ 陶鼎（M45：8）

⑦

第一单元　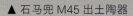　前夜良渚

❶

❷

❸

▲ 石马兜 M48 出土陶器

❶ 陶壶（M48：3）

❷ 陶小豆（M48：4）

❸ 陶豆（M48：10）

❹ 陶带盖鼎（M48：11）

❺ 陶豆（M48：12）

❻ 陶盆（M48：13）

❼ 带盖陶罐（M48：14）

❹

❺

❻

❼

M59

◎　位于 T1304 西北部。开口于第 1 层下，打破生土。长方形竖穴土坑墓，墓坑长 2.4 米，宽 0.8 米，深 0.16 米。填土为黄色花土，质硬。人骨存有肢骨和部分头骨，方向 10°。随葬品共 17 件，石凿 3 件、钺 3 件、锛 2 件、镞 1 件、尖状器 1 件、刮削器 1 件、陶豆 3 件、杯 1 件、罐 1 件、鼎 1 件，其中陶鼎倒置。

北

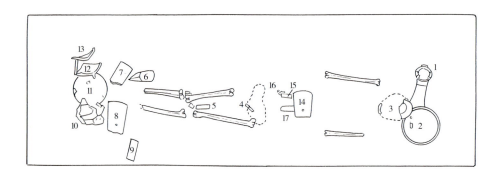

0　　　　　　　　　50 厘米

▲ 石马兜 M59 平面图

1. 陶觚形杯　2、12. 陶豆　3. 陶小豆　4、5、13. 石凿　6. 石尖状器　7、8、14. 石钺　9. 石刮削器　10. 陶罐　11. 陶鼎
15、17. 石锛　16. 石镞

1~4. 0 _____ 10 厘米　　5~11. 0 _____ 5 厘米

▲ 石马兜 M59 出土器物线图

1.陶觚形杯（M59:1）　2.陶豆（M59:2）　3.陶小豆（M59:3）　4.陶鼎（M59:11）　5、6、8.石凿（M59:5、4、13）

7.石钺（M59:7）　9、10.石锛（M59:17、15）　11.石镞（M59:16）

▶ 石马兜 M59 出土陶器

❶ 陶豆（M59：2）

❷ 陶小豆（M59：3）

❸ 陶鼎（M59：11）

❹ 陶豆（M59：12）

③

④

1.3

璜的时代

———

　　崧泽文化时期，玉器的种类有钺、璜、镯、环、玦、隧孔珠、管、珠、耳珰、纺轮、钻芯和各种坠饰等。玉璜数量最多，除了比较常见的条形、桥形璜和半璧形璜，还可见少量出廓璜和锯齿璜，多出土于女性墓葬。因此，崧泽文化时期又被学者称为"璜的时代"[1]。

　　现以官井头和石马兜两遗址为例介绍崧泽文化的玉器。

[1]刘斌：《神巫的世界》，杭州出版社，2013年，第218~221页。

〈 官井头出土玉器 〉

● 官井头遗址的 55 座崧泽时期墓葬共随葬玉器 32 件，玉器多见于墓主胸腹部，器形有璜（5 件）、镯（2 件）、玦（1 件）、小环璧（1 件）、坠饰（8 件）、隧孔珠（8 件）、管（6 件）等，以璜、坠饰、隧孔珠、管较多见，镯、玦、圆环饰少见。器物的形态大多不太规整，棱角不甚分明，坠饰多用边角料制作或以残玉器改制。多件器物留有线切割痕，个别器物留有锯割痕。

▲ 玉璜（官井头 M49：1）

▲ 玉璜（官井头 M62：8）

▲ 玉璜（官井头 M66：1）

▲ 玉璜（官井头 M36：3）

▲ 玉镯（官井头 M62：7）

▲ 玉镯（官井头 M77：6）

▲ 玉玦（官井头 M62：2）

▲ 玉小环璧（官井头 M62：3）

▲ 玉坠饰（官井头 M62：6）

▲ 玉坠饰（官井头 M62：9）

▲ 玉坠（官井头 M77:1）

▲ 玉管（官井头 M41:2）

▲ 玉隧孔珠（官井头 M43:1）

● 石马兜的83座墓葬共出土崧泽文化玉器28件，主要有璜、玦、环（镯）和各种坠饰。玉璜一般出土于死者颈部，玉玦则位于头部。

▲ 玉璜（石马兜 M7：7）

▲ 玉璜（石马兜 M24：1）

▲ 玉璜（石马兜 M62∶1）

▲ 玉璜（石马兜 M60∶1）

▲ 玉璜（石马兜 M36：3）

▲ 分体玉镯（石马兜 M41：1）

▲ 玉镯（石马兜 M46：6）

▲ 玉玦（石马兜 M55:4）

▲ 玉玦（石马兜 M55:5）

▲ 玉玦（石马兜 M78:1）

▲ 玉玦（石马兜 M78:2）

▲ 玉小环璧（石马兜 M74：1）

▲ 玉小环璧（石马兜 M41：2）

▲ 玉小环（石马兜 M14：2）

▲ 玉小环（石马兜 M48 : 2）

▲ 玉坠饰（石马兜 M60 : 2）

▲ 玉坠饰（石马兜 M46 : 4）

◆ 进入距今 5300 年，良渚地区出现了以瑶山 M1、北村 M64、官井头 M106 等墓主为代表的第一批贵族，这是良渚文化和良渚文明形成的标志。此时，首次出现了以玉璜与管串、玉璜与圆牌构成的组合佩饰，兼有玉冠状器、龙首纹玉器、玉蝉等，墓主多为女性。

◆ 稍晚，以瑶山 M9 等为代表的男性贵族也开始崛起。玉琮、玉钺、玉三叉形器丰富了玉礼器组合。良渚文化也开始向太湖东南和太湖东北拓展，影响所及可达苏北、粤北。

第二单元

早期良渚

2.1

高等级贵族墓葬

　　良渚地区良渚文化早期墓葬中的随葬品，从数量、器形、组合形式等各方面均已显示出特有的墓葬规制。此期开始出现以瑶山M1、官井头M64和北村M106等为代表的女性贵族群体，预示着良渚遗址群的崛起。

瑶山遗址

● 瑶山遗址位于良渚遗址群的东北角，距离良渚古城约 5 千米，其行政区划属杭州市余杭区良渚街道下溪湾村。1987 年遗址因当地村民盗掘被发现，随即由浙江省文物考古研究所组织进行了抢救性发掘，确认为良渚文化时期的祭坛与墓地复合的遗址。1996 年至 1998 年，浙江省文物考古研究所对瑶山遗址再次进行了四次发掘，对遗址作了全面揭露，基本搞清了瑶山遗址的平面布局及其营建结构。2017 年，为配合良渚古城申遗和遗址公园建设，浙江省文物考古研究所对瑶山顶部再次进行清理，重新确认了祭坛边界与营建过程。

● 祭坛主体是依托山顶沙性红土修筑的一处垒石包边的长方形覆斗状土台，正南北向，东西长约 40 米，南北宽约 19 米，土台西北角残存的石坎高度近 1 米。在土台西半部中央有一周东西宽约 9 米、南北长约 11 米的灰土方框，推测其具有观象测年的作用。祭坛功能废弃后，此地作为一处埋葬高等级贵族的墓地使用。

● 祭坛偏西部发掘墓葬 13 座，分南、北两行排列，根据出土遗物推测，南排墓主为男性，北排墓主为女性。出土的随葬品共 1089 件（组），以单件计共 3004 件，其中玉器 1022 件（组），以单件计 2926 件。南排墓葬随葬玉器有玉冠状器、带盖柱形器、三叉形器、成组锥形器、钺、小琮，北排墓葬随葬玉器有玉冠状器、璜、圆牌。根据对随葬陶器组合和玉器种类形态特征的研究判断，确认墓葬的主体年代为良渚文化偏早阶段。其中瑶山遗址 M1、M5、M14 三座女性墓大致为同一时期，均出土半圆顶玉冠状器，M1、M5 出土的陶鼎足横截面呈扁椭圆形，显示出较早的形态，属良渚最早期。此段圈足罐折沿、扁垂腹，圈足盘为崧泽晚期假腹圈足盘的退化形式，鼎足仍为延续崧泽晚期而来的扁圆形截面。M4 出土平顶冠状器，但从陶豆、陶鼎的形态来看略晚于以上三座墓葬。M9 出土的陶豆形态与良渚最早期的豆一致，但出土"介"字形顶的玉冠状器等器物，似又要略晚于瑶山 M1、M5、M14，可能与瑶山 M4 接近。

土 沟

M6

M12

M2

M8

▲ 瑶山遗址 1987 年发掘完工照

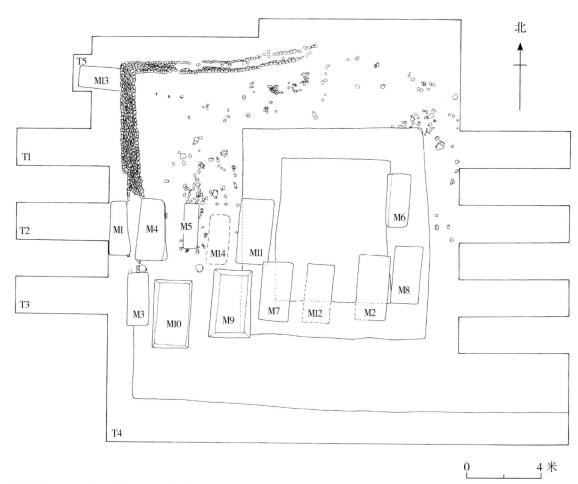

北

0   4 米

▲ 瑶山遗址 1987 年布方位置及遗迹分布平面图

▲ 瑶山遗址 2017 年发掘区俯瞰

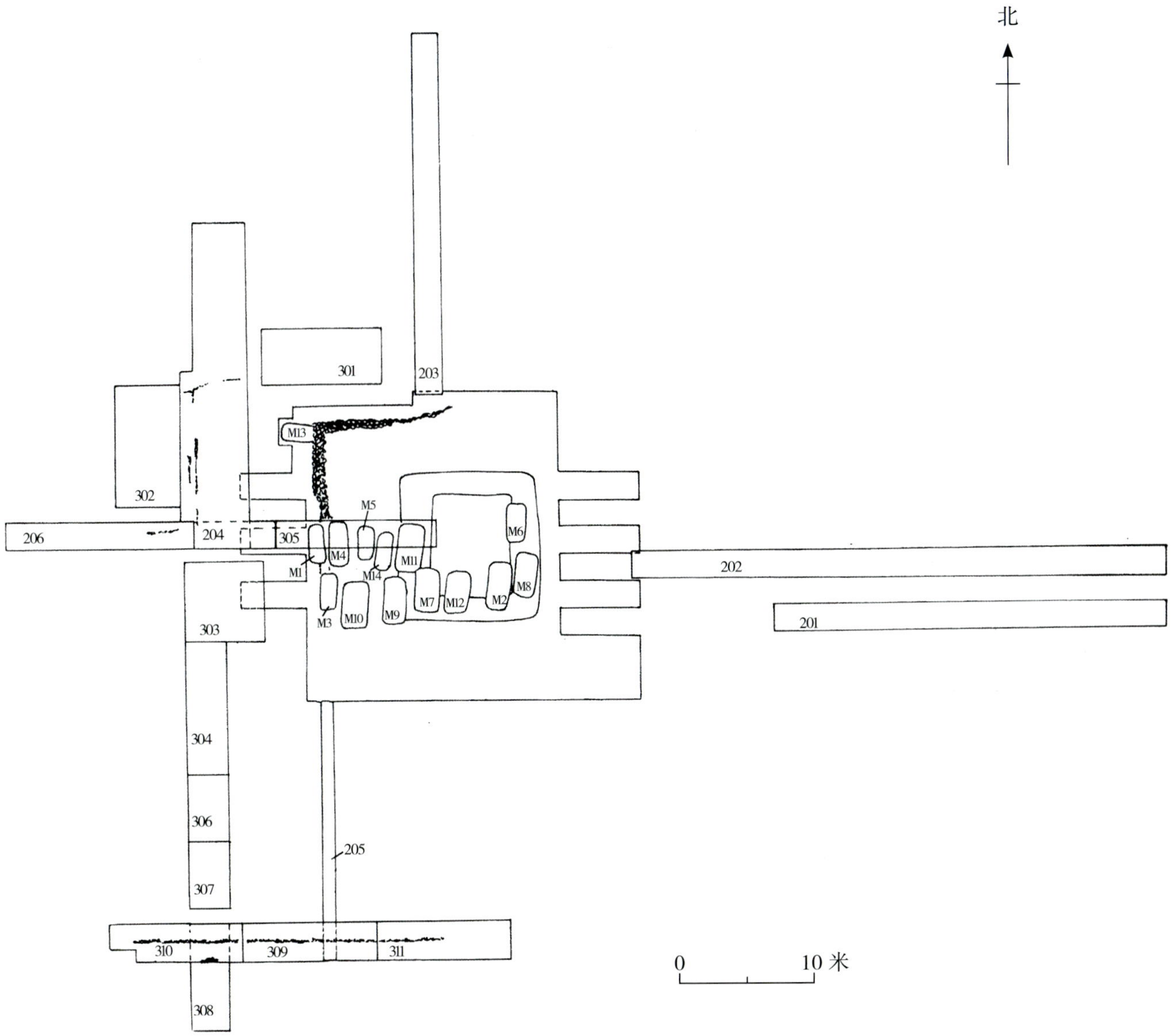

▲ 瑶山遗址 1997 年发掘布方

（图上三位数字为探方编号）

瑶山 M1
（女性）

◎　长方形竖穴土坑墓，墓向 183°。墓坑长 2.84 米，宽 0.80～1.18 米，深约 0.20 米。墓内人骨已朽无存。共随葬器物 30 件（组），以单件计共 61 件。其中玉器 26 件（组），以单件计共 57 件，种类有冠状器、镯、璜、圆牌、锥形器、管、珠等，以璜串和璜及 6 件圆牌为项饰和胸饰。另有陶器 4 件，组合为豆、缸、鼎及无法辨明器形的泥质灰陶器。

▲ 瑶山 M1 完工照

▲ 瑶山 M1 细部

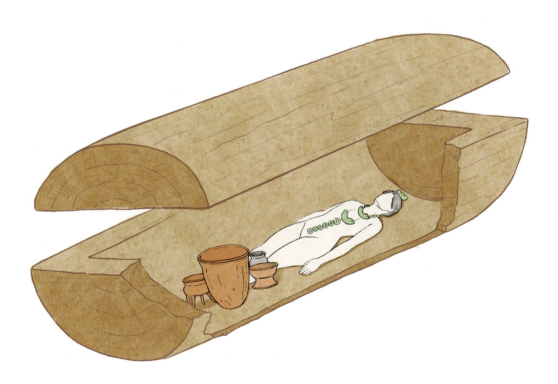

▲ 瑶山 M1 葬仪复原图

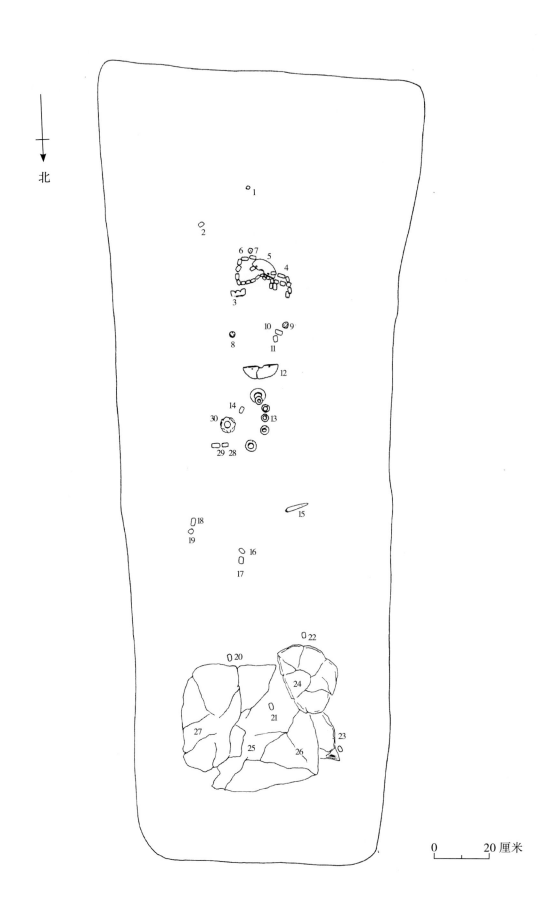

北

▲ 瑶山 M1 平面图

1、7～9.玉珠　2、6、10、11、14、16～23、28、29.玉管　3.玉冠状器　4.玉管串　5、12.玉璜　13.玉圆牌串饰

15.玉锥形器　24.陶豆　25.陶缸　26.泥质灰陶器　27.陶鼎　30.玉镯形器

玉冠状器（瑶山 M1：3）

高 2.5、宽 4.5～4.8、厚 0.2 厘米

上端较宽，中间有两道凹缺，使中央呈圆弧状凸起，下端均等对钻三个小孔。

玉璜（瑶山 M1：5）

高 4.2、宽 10.1、厚 0.55 厘米

整器边缘薄而中部厚。上端中部有半圆形凹缺，左、右两侧各对钻一个小圆孔，底端圆弧。

玉璜（瑶山 M1 : 12）

高 4.8、宽 11.8、厚 0.5 厘米

出土时与 M1 : 13 玉圆牌串饰相连，应为
成组器物。器表有多组弧线状切割痕。

玉圆牌串饰（瑶山 M1 : 13）

直径 2.2 ～ 4.5、孔径 0.8 ～ 1.7、厚 0.3 ～ 0.5
厘米

由 6 件圆牌组成。出土时与 M1 : 12 玉璜
相连，应为成组器物。除 M1 : 13-1 外，
均在器边缘对钻一个小孔。

▲ 玉圆牌串饰（瑶山 M1：13）

龙首纹玉镯（瑶山 M1：30）

高 2.65、直径 8.2、孔径 6.1 厘米

外壁四个凸面上雕琢同向的龙首纹。扁宽嘴，圆形凸起表示鼻孔，眼球大而圆凸，外有圆形眼圈，眼上方阴刻一对短角。鼻眼之间有一菱形图案。

瑶山 M5
（女性）

◎ 长方形竖穴土坑墓，墓向182°。墓坑长2.42米，宽0.79米，深0.34米。墓底周壁有一圈浅沟，深约7厘米，宽18～22厘米，使墓底形成低矮的土台。墓内人骨已朽无存。共出土随葬器物12件（组），以单件计共22件，是出土随葬品数量最少的一座墓。其中玉器9件（组），以单件计共19件，种类有圆牌、冠状器、管、珠等。另有陶器3件，组合为鼎、豆等。

▲ 瑶山 M5 完工照

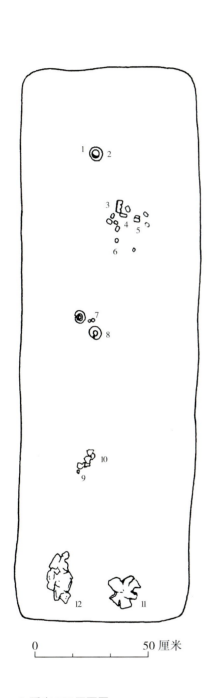

0   50 厘米

▲ 瑶山 M5 平面图

1、6、7、9. 玉珠　2、8. 玉圆牌　3. 玉冠状器

4. 玉管　5. 玉管串　10. 泥质陶器　11. 陶鼎　12. 陶豆

北

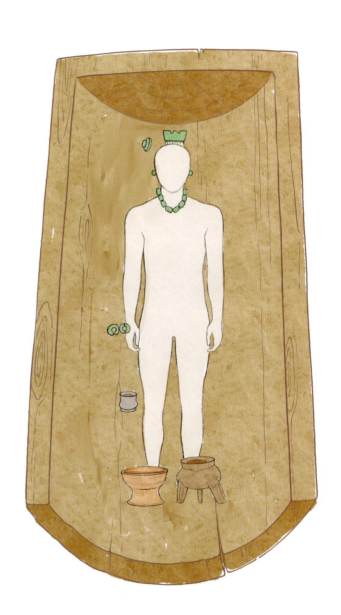

▲ 瑶山 M5 葬仪复原图

玉冠状器（瑶山 M5:3）

高 2.65、宽 4.55 ~ 4.85、厚 0.4 厘米

顶部下陷呈半圆形。此类冠状器还见于瑶山 M1 和 M4，以及汇观山、张陵山等遗址，反山遗址则不见。

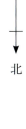

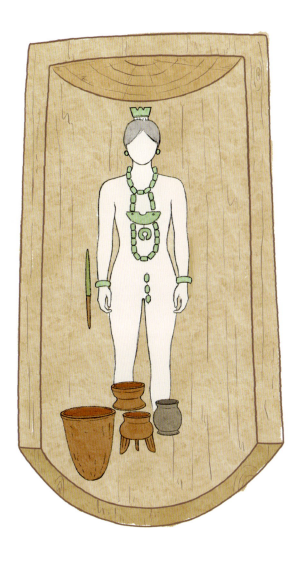

▲ 瑶山 M14 葬仪复原图

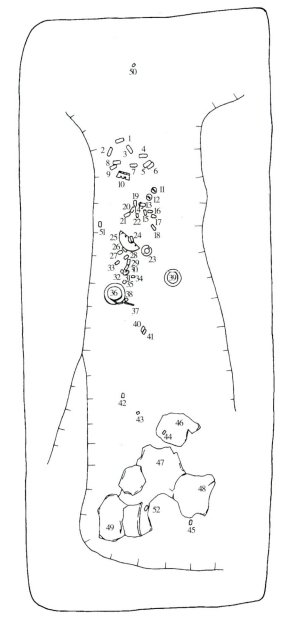

北

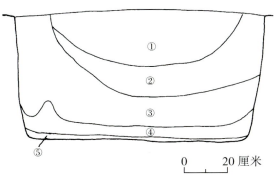

0 20 厘米

▲ 瑶山 M14 平、剖面图

1～9、13～22、24、26～33、40～45、50～52.玉管

10.玉冠状器 11、12.玉珠 23.玉圆牌 25.玉璜

34、35、38.玉瓣形饰 36、39.玉镯 37.玉锥形器

46.陶豆 47.陶鼎 48.陶圈足罐 49.陶缸

玉冠状器（瑶山 M14：10）

高 2.3、宽 5.35 ~ 5.65、厚 0.42 厘米

出土时周围散落串饰一组（M14：1 ~ 9）。
上端略宽，中间凹缺，中央有半圆形凸起。
凹缺部位有竖向线切割痕。

玉璜（瑶山 M14：25）

高 4.85、宽 12.3、厚 0.5 厘米

出土于墓主胸腹部，右侧出土玉圆牌
（M14：23）一件，上、下各有一组管串
（M14：13 ~ 22、26 ~ 33）。半璧形，
左、右两端略呈尖角，顶端两侧各有一个
对钻孔。

 玉镯（瑶山 M14：36）

高 1.65、直径 9.25、孔径 5.05 厘米

出土于墓主右手位置。扁圆环形，内壁直，外壁弧凸。

 玉镯（瑶山 M14：39）

高 1.75、直径 7.05、孔径 5.1 厘米

出土于墓主左手位置。圆环形，内壁直，外壁弧凸。

瑶山 M4

（女性）

◎ 长方形竖穴土坑墓，墓向 178°。墓口长 3.3 米，宽 1.28 ～ 1.68 米。墓底有二层台，墓口至二层台面深 0.58 ～ 0.76 米，二层台高 0.08 米。墓内人骨已朽无存。共出土随葬器物 45 件（组），以单件计共 61 件。其中玉器 38 件（组），以单件计共 54 件，种类有璜、圆牌、冠状器、镯、锥形器等。陶器 7 件，组合为鼎、圈足盘、平底盘、豆、缸等。

▲ 瑶山 M4 完工照

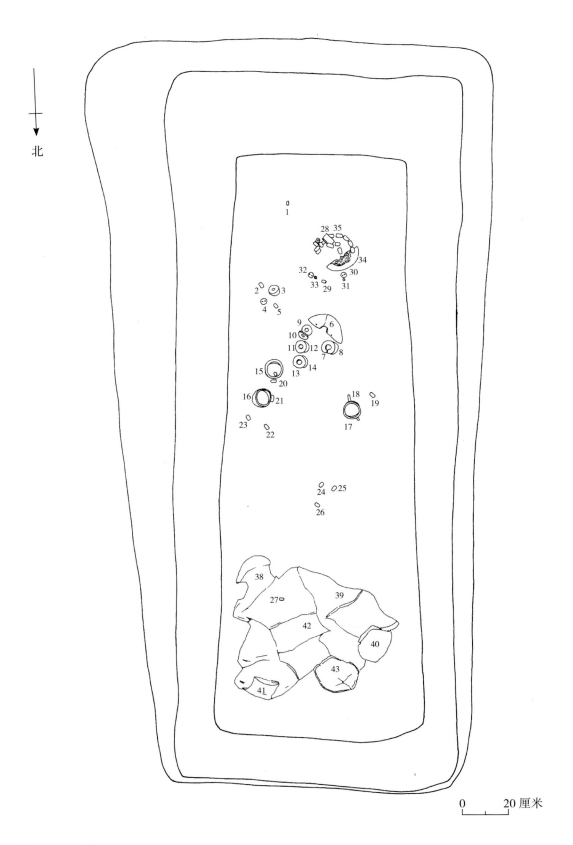

▲ 瑶山 M4 平面图

1、2、5、19～27、29、36、44. 玉管　3. 玉柱形器　4、30～33、37. 玉珠　6、34. 玉璜　7～14. 玉圆牌串饰　15～17. 玉镯
18. 玉锥形器　28. 玉冠状器　35. 玉管串　38. 陶豆　39. 夹砂红陶器　40. 陶圈足盘　41. 陶鼎　42. 陶缸　43. 泥质灰陶器　45. 陶平底盘
（注：36、37、44、45 在 38 号陶器下）

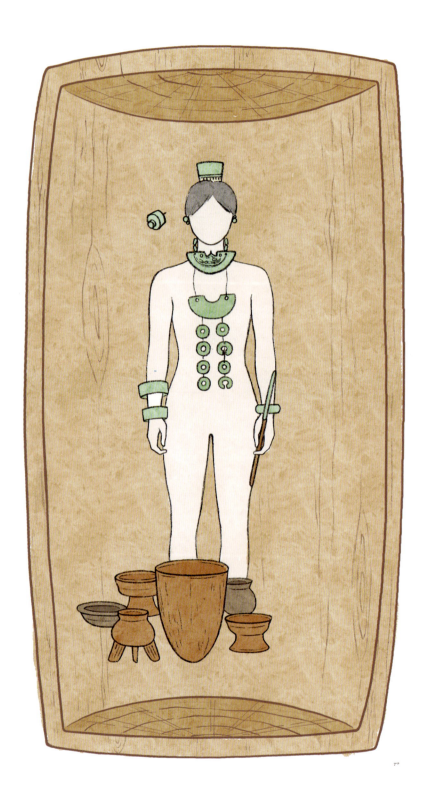

▲ 瑶山 M4 葬仪复原图

玉冠状器（瑶山 M4：28）

高 2.85、宽 5.3 ～ 5.6、厚 0.4 厘米

顶面平齐，下端有扁凸榫。素面无纹。这
样顶面平齐的玉冠状器仅 2 件，另一件出
自赵陵山 M77。

玉璜（瑶山 M4：34）

高 5.7、宽 14.3 厘米

出土时与玉管串（M4：35，共 16 件）相邻，应为一组。正面雕琢神兽纹。尖角大眼，下填刻卷云纹和旋纹，宽鼻由卷云纹和螺旋纹共同组成，阔嘴獠牙，刻划蹲伏的下肢，神兽像外围刻双线半圆，具有龙首纹的特征。

玉璜（瑶山 M4 : 6）

高 6.05、宽 13.7、厚 0.18 ~ 0.6 厘米

出土时与成组玉圆牌（M4 : 7 ~ 14）相邻，
应为一组。整器中间厚两侧薄，孔壁有经
打磨的钻孔旋痕。

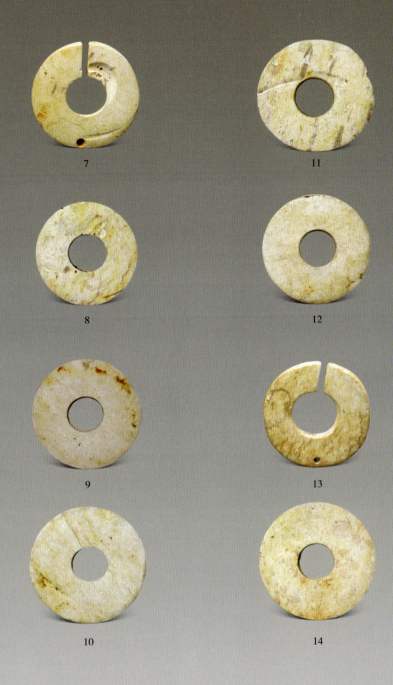

7   11

8   12

9   13

10   14

成组玉圆牌（瑶山 M4：7～14）

直径 4.2～5.2 厘米

一组 8 件。2 件（M4：7、13）为玦形，
一侧用线切割开缺口，与之对应的一侧对
钻小孔，中间钻孔呈喇叭形，似是双向钻
孔后切割而成。其余 6 件为璧形，体扁平，
中间钻孔或为对钻，或呈喇叭形，为双向
钻孔后切割而成。

第二单元　早期良渚

○

玉镯（瑶山 M4∶15）

高 2.35、直径 9、孔径 6.7 厘米

出土于墓主右腕位置。宽环带形，内壁略
弧。有部分缺损，但经打磨。

玉镯（瑶山 M4∶16）

高 2.45～2.6、直径 6.9、孔径 5.5 厘米

出土于墓主右腕位置。宽环带形，内壁弧
凸。有部分缺损，但经打磨。

玉镯（瑶山 M4：17）

高 1.3、直径 7.2、孔径 5.7 厘米

出土于墓主左腕位置。环形，内壁略弧，
外壁凸圆。

玉柱形器（瑶山 M4：3）

高 2.7、直径 3.6、孔径 0.9 厘米

出土于墓主右肩位置。圆柱体，中间单向
钻一小孔，内壁经打磨。

瑶山 M9
（男性）

◎ M9 是瑶山墓地最早的墓葬之一。随葬品中的弧凸外壁戳按圆和弧边三角组合纹样 M9：80 陶盘，可与崧泽文化晚期至良渚文化早期的同类陶盘比对。这类陶盘是良渚遗址群和浙西北良渚文化早期偏早阶段的典型陶器。瑶山 M9 是迄今为止良渚遗址群内所见最早的最高等级男性大墓。瑶山 M9 虽然出土作为臂饰的镯式圆琮，但是共出了 5 件小琮（琮式管），尤其是作为玉钺杖两端配件的高仅 3 厘米的小琮（M9：11、12），其形制结构与矮方琮完全一致，说明在良渚文化早期，琮的基本形制、神像、以及体现墓主人身份、等级和地位的复杂玉头饰、玉钺权杖，都已一步到位的设计创造完成了。瑶山 M9 的出现，标志着良渚王国的初创。

◎ M9 为长方形竖穴土坑墓，墓向 183°。墓口长 4 米、宽 1.95 ~ 2.2 米，墓底长 3.15 米、宽 1.32 米，深 1.3 米。墓内人骨已朽无存。出土随葬器物 82 件（组），以单件计共 268 件。其中玉器 76 件（组），以单件计共 262 件，其中小型玉器有管珠 234 件；大型玉礼器有琮、钺；中型玉礼器有 7 件成组锥形器（4 件为琮式）、冠状器、带盖柱形器一组 2 件（柱形器刻纹）、刻纹三叉形器（可能配套玉管 M2：16）、镯；小型玉礼器有长管、龙纹管、琮式管、柱形器、条形器、锥形器、小型牌饰。另有嵌玉漆器（觚）1 件；石钺 1 件；陶器 4 件，组合为鼎、盘、圈足罐、缸。

▲ 瑶山 M9 完工照

▲ 瑶山 M9 玉冠状器、锥形器等出土细节

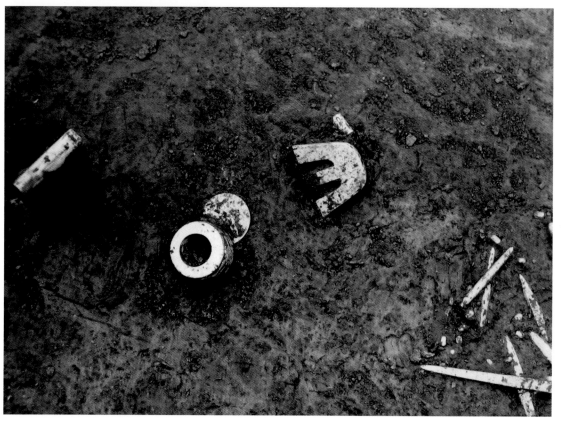

▲ 瑶山 M9 玉带盖柱形器等出土细部

▲ 瑶山 M9 玉琮、柱形器出土细部

▲ 瑶山 M9 墓主右腕部位出土玉器细部

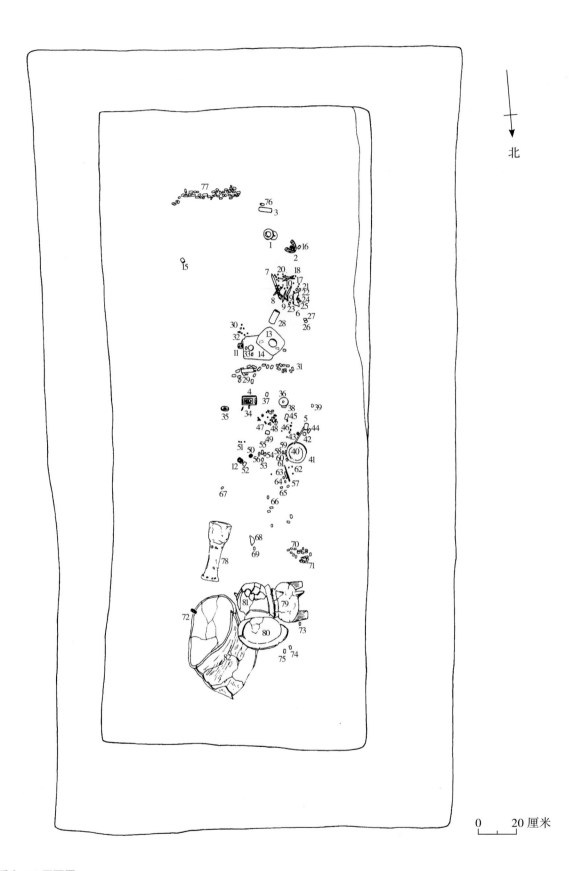

北

0 20 厘米

▲ 瑶山 M9 平面图

1. 玉带盖柱形器　2. 玉三叉形器　3、28、29. 玉长管　4. 玉琮　5. 玉刻纹管　6. 玉冠状器　7～10、17～19、40. 玉锥形器　11、12、49、50、72. 小玉琮　13. 石钺　14. 玉钺　15、16、21～23、25、27、37～39、44、45、52～56、58～61、63、65、67、69、73～76. 玉管　20、30、32～34、46、47、51. 玉粒　24、26、42、43. 玉珠　31、48、66、70、71、77. 玉管串　35、36. 玉柱形器　41. 玉镯形器　57. 玉条形器　68. 玉牌饰　78. 嵌玉漆觚　79. 陶鼎　80. 陶盘　81. 陶圈足罐　82. 陶缸

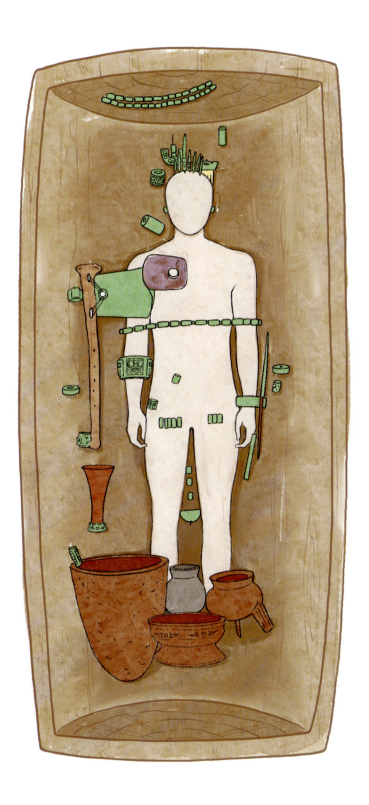

▲ 瑶山 M9 葬仪复原图

玉冠状器（瑶山 M9：6）

高 3.7、宽 5.5 ～ 6.9、厚 0.15 ～ 0.33 厘米

"介"字形顶，尖突之下有一椭圆形孔。出土时周围有 20 件玉粒。海盐周家浜遗址的发掘明确冠状器是象牙梳齿上的镶插玉件，据此判断这些玉粒应为冠状器上的粘贴件。

玉琮（瑶山 M9 : 4）

高 4.5、射径 7.95、孔径 6.33 厘米

器表有四个对称的长方形弧凸面，上各饰一组神兽纹，图案基本相同。管钻圆眼，阔鼻，宽扁嘴，阴刻两对獠牙，其中内侧向上、外侧向下。主体纹饰的空隙刻有繁密的卷云纹。神兽纹之上还有三组羽状纹，象征神冠。

玉带盖柱形器（瑶山 M9：1）

盖：外径 4.5、厚 1 厘米；柱形器：高 3、
直径 4.8 厘米

出土时位于葬具一端，盖面朝下，推测是
葬具系挂的附件。圆筒形，器表三个弧形
凸面。每个凸面用浅浮雕和阴刻雕琢神兽
纹，三个图案有细微差别。

 玉钺（瑶山 M9：14）

高 15.6、宽 10.6 ～ 11.6 厘米，上孔径 1.55、下孔径 2.2 厘米，厚 0.8 厘米

出土时刃部朝西，其东侧有一件琮式管（M9：11），往北 58 厘米处有同样形制的琮式管（M9：12），两件琮式管中间，即柲的位置有若干小玉粒，与瑶山 M7 玉钺出土情况相同。顶部相向片切割截断。一端有直角缺口，出土时该端朝上；另一端或为斜向打缺。钺上部对钻两孔，上小下大。

玉琮式管（瑶山 M9：11）

高 3、射径 2.8、孔径 1.3 厘米

位于玉钺（M9：14）顶部，应为钺杖的一部分。

玉琮式管（瑶山 M9：12）

高 3.7、射径 5.5 ～ 6.9、厚 0.15 ～ 0.33 厘米

出土于 M9：11 北侧约 58 厘米处。形制、大小与 M9：11 相同，应为钺杖的一部分。

成组玉锥形器

（瑶山 M9：7~10、17~19）

长 5.9 ～ 13.5 厘米

一组 7 件。其中 4 件为琮式锥形器，下端琢刻神兽纹，均不相同。其余 3 件为长条形，横截面呈圆形。

玉三叉形器（瑶山 M9 : 2）

高 5.05、厚 0.4 ～ 0.6 厘米

一面平整，一面弧凸，琢刻相同纹饰。三叉上部均饰羽冠，下部为神兽，眼、鼻、嘴俱全。

玉长管（瑶山 M9 : 3）

长 6.4、孔径 0.65 ～ 0.75 厘米

出土时虽与玉三叉形器相距约 20 厘米，但应为其配伍的玉管。

○
玉琮式管（瑶山 M9：49）

高 1.7、射径 1.6、孔径 0.8 厘米

方柱体。琮体中段切断，仅见琮体下半部，留有一节半神兽纹。截面有弧线状切割痕迹。

○
玉琮式管（瑶山 M9：50）

高 2、射径 1.6、孔径 0.6 厘米

方柱体。两节，上端饰弦纹，下为单圈眼和鼻，两侧有圆弧线，代表脸庞。中孔为实心钻孔，留有钻痕。

○
玉琮式管（瑶山 M9：72）

高 3.55、射径 1.5、孔径 0.6 厘米

方柱体。四个转角凸面各刻上下共三组弦纹带。中间对钻孔。

玉牌饰（瑶山 M9:68）

长 4.1、宽 5.5、厚 0.8 厘米

用片料制作而成。器体一面弧凸，有几处
粗糙面，略经打磨；另一面平，有较多弧
线状切割痕。

龙首纹玉管（瑶山 M9:5）

高 3.7、直径 2、孔径 0.6 厘米

器表上下两端刻浅横槽，以突出图纹。以
减地浅浮雕和阴刻线的工艺表现连续的龙
首纹。钻孔口不甚规整。

玉镯（瑶山 M9：41）

高 3、直径 9.8、孔径 6.4 厘米

宽环带状，内壁弧凸，外壁直。

玉柱形器（瑶山 M9：35）

高 1.55、直径 4.3、孔径 1 厘米

圆柱形，单面钻孔。一端面有弧线状切割痕。

玉柱形器（瑶山 M9：36）

高 1.55、直径 4.4、孔径 0.8 厘米

圆柱形，单面钻孔。一端面有弧线状切割痕。

嵌玉漆觚（瑶山 M9：78）

从现场观测，原器壁厚 2 ～ 3 厘米，高29、口径 11、圈足径 12 厘米

出土于墓主下肢右侧。漆皮呈朱红色，髹漆均匀，出土时仍有光泽。在杯体与圈足的接合部及近底处的外壁均镶嵌一周玉粒。玉粒正面弧凸，背面平整。原定为"杯"，良渚古城卞家山遗址出土木胎髹漆觚后，认识到这类漆器应为漆觚。

北村遗址

● 北村遗址位于余杭区瓶窑镇北村。因配套良渚国家考古遗址公园外围道路规划建设及瓶窑镇小城市改造凤都路延伸项目建设，2018～2019年浙江省文物考古研究所对良渚古城遗址以西、以南区域进行了大面积的勘探和调查，新发现12处良渚文化时期遗址。北村遗址即其中之一。北村遗址依托大雄山西北麓的一座自然山体，直线距离良渚古城南城墙约2千米。||||||||||||||||||||||||

● 北村南地点根据地势可分为高、低两级台地，即北部的高台地和南部的低台地，两级台地之间存在明显的陡坡。北部高台地上确认了一处围沟及相关的成排柱坑遗迹。围沟遗迹呈长方形，因征迁未完成，东部尚无法开展工作，因此未到边，东西揭露长67米、南北宽23.5米，揭露面积约1575平方米。该区域内分布有良渚文化早期的房址、墓葬等遗迹，其中8座良渚文化早期墓葬集中分布于围沟内中南部，并有同时期房址分布于围沟中部，显示居葬合一的状态。|||||||||||||||||||||||

● 良渚文化房址共26座，其中5座（F27、F79、F81、F82、F96）位于北部高台地上、大型围沟遗迹之内，其余21座房址位于围沟以南、以西地势较低处。均为柱坑式建筑，主体由数量不一的成组柱坑组成，未发现室内灶，仅F27东南部发现一座室外灶（灶1），因此不排除这些房址为干栏式建筑的可能。部分房址外围还发现可能作为排水沟的灰沟。||||||

● 良渚文化墓葬共17座，其中8座大型墓葬位于北部高台地上，9座小型墓葬位于南部低台地上。均为长方形竖穴土坑墓，大型墓葬长2.46～3.86米、宽0.90～1.86米、深0.15～0.68米，小型墓葬长1.54～2.64米、宽0.50～1.04米、深0.09～0.64米。大多数墓葬不见葬具，有5座大型墓葬可见一棺一椁。人骨保存较差，大部分墓葬人骨无存，少部分可见少量骨渣。根据随葬品摆放可判断墓主头向，头向可分为南偏西或北偏东两种。随葬品共325件，其中玉器253件、陶器59件、石器13件。各墓随葬品数量相差较大，多者75件，少者仅1件，平均约19件。随葬品种类丰富，玉器有冠状器、璜、圆牌、镯、蝉、龙首环、柱形器、锥形器、坠饰、长管、隧孔珠、管、珠等；陶器有鼎、甑鼎、豆、罐、盘、

过滤器、大口缸、钵、纺轮等；石器种类单一，仅钺、纺轮。||||||||||

● 高台地上的 8 座良渚文化时期墓葬编号 M101、M104、M106、M107、M108、M126、M127、M130，分为南、北两排，形成一处小型墓地。根据随葬品尤其是随葬玉器，可知女性墓葬 M106 等级最高，随葬玉器 68 件，包括兽面纹冠状器、龙首镯、蝉、璜串等重要玉器；M126 和 M130 其次，均随葬玉器 45 件，均为高等级男性贵族墓；M101、M107、M127 再其次，为低等级男性或女性贵族墓，随葬玉器 22～33 件；M104 等级再次，为女性墓，随葬玉器仅 8 件，包括璜、镯各 1 件；M108 最低，墓主性别不详，仅随葬陶器 3 件。8 座墓葬出土玉器合计 248 件，占据北村南地点出土玉器总量的 95%，且玉器材质均为透闪石玉，玉质较好。|||||||||||||||||

● 从出土的陶鼎、豆和玉冠状器的形态来看，M104、M107、M110、M111、M117、M126、M127、M130（后三者均出土半圆形顶冠状器）年代略早，与瑶山 M1、M5、M14 和官井头 M64、M51、M65 等为代表的墓葬年代相当。而 M101 和 M106 尽管分别出土半圆形顶冠状器和平顶冠状器，但陶鼎、豆、圈足罐的年代偏晚，可能与瑶山 M9、M4 和 M10 大致同时或更晚。|||

● 17 座良渚文化墓葬中，朝北的 8 座，其中男性 2 座、女性 3 座，其余性别不详；朝南的 9 座，其中男性 6 座、女性 2 座，另一墓性别不详。性别与头向关联性均不明显。但围沟内的 8 座良渚文化早期墓葬中，除 M101、M108 头朝北外，余皆头朝南，与瑶山、反山墓地一致，这批贵族墓葬代表的家族可能与瑶山墓地代表的贵族家族关系更为密切。而官井头的 51 座良渚文化墓葬中，仅 4 座朝南，余皆朝北，尤其是等级较高的 10 余座墓葬均朝北，显示出强烈的自身特色。||||||||||||||

● 北村南地点在崧泽文化晚期已经形成具有一定规模的聚落和墓地，但房址规模小、墓葬等级低，属一般性聚落。而到了良渚文化早期偏早阶段，开始出现集中分布的带围沟围栏的高等级聚落和墓地，显示出明显的社会分层现象。除 M104、M108 外，北村南的 6 座中、高等级贵族墓葬玉器数量在 22～68 件之间，与官井头贵族墓地（玉器 23～63 件）以及瑶山墓地偏早阶段的 M1、M4、M5、M14（玉器 19～61 件）非常相近，等级大体

相当，这三处墓地可能分别代表了三个不同的贵族家族群体。但只有瑶山墓地发展成以瑶山 M12 为代表的王族家族，而北村和官井头的贵族家族则未能延续发展，这可能是良渚王国出现和整合的结果。|||||||||||||||||

● 北村遗址是继官井头遗址之后，良渚文化早期阶段考古的又一次重要发现，揭示了良渚古城建成之前贵族阶层的发展状况，为研究良渚文化早期社会的发展、阶级分化和探索良渚古城的崛起背景提供了新的资料。||

资料来源：

姬翔、陈明辉、王宁远：《良渚早期发展阶段的重要突破——浙江北村遗址考古发掘收获》，《中国文物报》2021 年 10 月 9 日。

浙江省文物考古研究所、杭州市良渚遗址管理区管理委员会：《杭州市余杭区北村遗址北村南地点 2020～2021 年良渚文化遗存发掘简报》，《考古》2024 年第 6 期。

▲ 北村周边遗址分布图

▲ 2021年北村南地点发掘全景

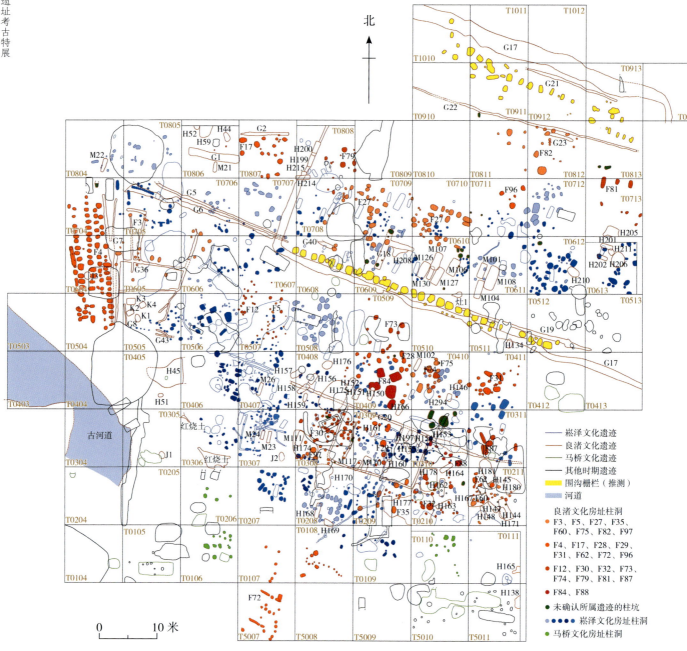

北

▲ 北村南地点良渚文化遗迹分布图

▲ 北村 M106 出土陶器组合

▲ 北村 M104 出土陶器组合

▲ 北村 M101 出土陶器组合

▲ 北村 M117 出土陶器组合

▲ 北村 M127 出土陶器组合

▲ 北村 M130 出土陶器组合

北村 M106
（女性）

◎ M106 为北村遗址等级最高的墓葬。位于北村南地点高台地，T0610东部，处于墓地北排居中的位置。开口于第6层下，打破第10层。长方形竖穴土坑墓，墓坑长3.18米，宽1.66米，深0.40～0.53米。棺长2.43米，宽0.90米，棺痕不明显，棺板厚度亦不详。人骨无存，根据冠状器、璜等玉器及陶器的分布情况可知墓主头朝南略偏西，头向200°。另根据玉璜等性别指示特征明显的玉器推测墓主为女性。随葬品编号75件，包括玉冠状器、龙首镯、镯、蝉、单件锥形器、长管、隧孔珠、璜-管串-璜-圆牌组合串饰等；陶器有鼎、豆、罐、盘、缸等。

▲ 北村 M106 完工照

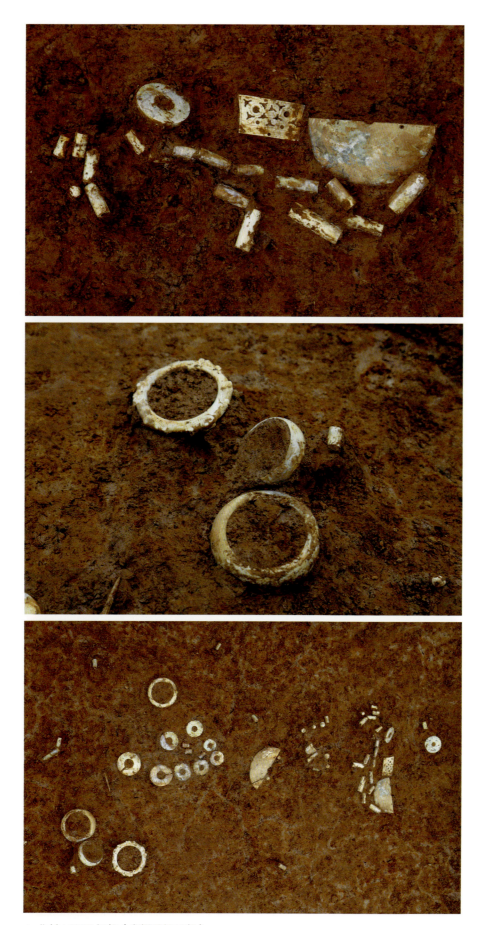

▲ 北村 M106 细部（发掘现场局部）

▲ 北村 M106 葬仪复原图

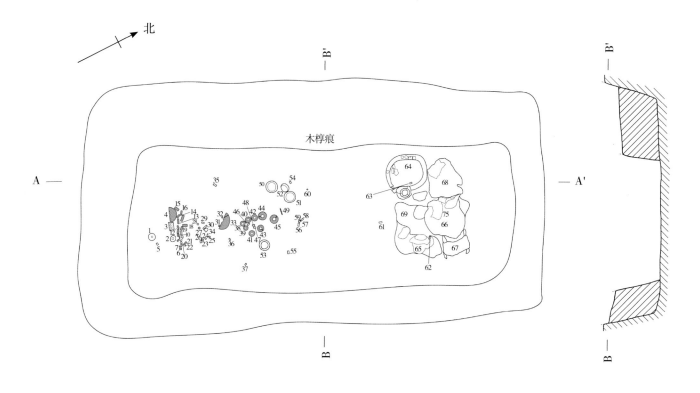

▲ 北村 M106 平、剖面图

1、2、38 ~ 45. 玉圆牌 3. 玉冠状器 4、33. 玉璜 5 ~ 21、26、29、30、35 ~ 37、46 ~ 48、54 ~ 59、61 ~ 63、70、72、74. 玉柱形管 22. 玉鼓形管 23、27. 玉隧孔珠 24、25、28、31、32、60、71. 玉鼓形珠 34. 玉蝉 49. 玉锥形器 50. 玉龙首镯 51 ~ 53. 玉镯 64. 陶圈足盘 65、66、76. 陶罐 67、68. 陶鼎 69. 陶豆 73. 玉长管 75. 陶大口缸（70、72、74. 玉柱形管，71. 玉鼓形珠，73. 玉长管，76. 陶罐，为室内整理和淘洗墓葬填土时发现）

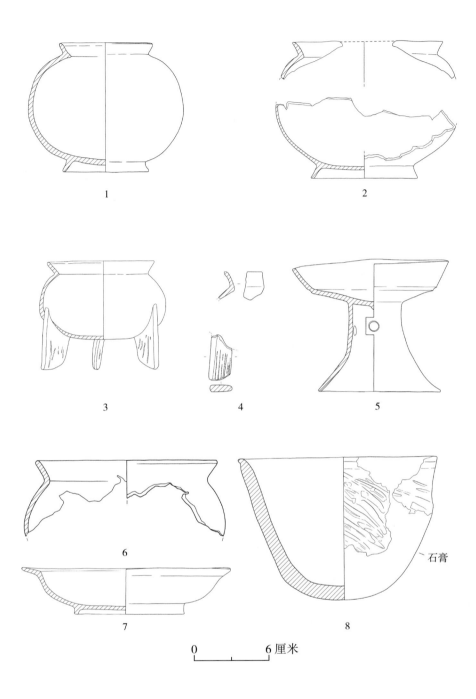

石膏

▲ 北村 M106 出土器物线图

1、2、6. 陶罐（M106:66、65、76）　3、4. 陶鼎（M106:67、68）　5. 陶豆（M106:69）　7. 陶圈足盘（M106:64）

8. 陶大口缸（M106:75）

①

②

③

▲ 北村 M106 出土陶器

❶ 陶圈足盘（M106：64）

❷ 陶圈足罐（M106：65）

❸ 陶圈足罐（M106：66）

❹ 陶鼎（M106：67）

❺ 陶豆（M106：69）

❻ 夹砂陶大口缸（M106：75）

玉冠状器（北村 M106：3）

高 4.1、上端宽 5.7、下端宽 5、榫宽 4.8、
厚 0.45 厘米

黄白色，偏白，夹少量黄褐色斑块，玉质
甚好。扁倒梯形，顶部平直。两侧边略内
凹。减低做出扁凸榫，其上保留少量打磨
痕迹，上有三个小的对钻孔，孔内壁经打
磨，为桯钻而成。整体器形规整，打磨光
滑。两面均可见以镂刻和阴线刻制成的兽
面纹饰，首先以阴线刻出与冠状器外缘平
行的倒梯形框，其内再施主体纹饰。管钻
两个大孔作为兽面大眼，孔壁打磨甚光滑，
不见台痕，大眼外侧管钻两圈作为眼的外
轮廓；大眼斜上角和斜下角均刻有三角形
眼角；大眼之间有阴线刻短线两组，位于
上部的一组包括七至八条竖线，代表羽冠，
位于下部的一组包括四至五条横线，表示
眼梁，两组短线之间有一个镂孔和线镂而
成的弧边三角形。两个大眼周边四角也各
有一个弧边三角形镂孔，眼梁下亦有一个，
总共十个。大眼以下均有三条弧线，其中
一条末端卷曲呈螺旋状，此线条表示"泪
线"或胡须。眼梁之下的弧边三角形镂孔
两侧各有三至四条竖刻线，可能表示獠牙，
下端也有两条横刻线，可能表示上嘴唇。

玉蝉（北村 M106：34）

高 2.6、宽 2.4、厚 0.6、孔径 0.3 ～ 0.55 厘米

玉蝉位于墓主脖子附近，周边分布有六颗
管珠，可能存在配伍关系。黄白色，偏黄，
夹杂较多黄褐色、浅灰色、浅青绿色斑块。
正面弧凸，底面平直，整体略呈正梯形。
正面琢刻出凸出的蝉首、外长两翼和尖凸
的尾。正面中部有一条竖向凸脊，凸脊顶
端为凸出的蝉首，蝉首两侧及底部均有刻
线限定了蝉首的范围。蝉首两侧为刻划而
成的双圈大眼，大眼之间有两条横的弧刻
线表示眼梁。凸脊的中部为蝉身，外轮廓
刻划而成，总体呈柳叶形，蝉身中部有三
条横的刻线表示蝉肚，蝉身顶部、最顶部
的横刻线上还刻有一个小的三角形和左右
对称的斜线。两翼的刻线较复杂，由弧形
外轮廓线、短的横弧线、三角形刻纹等组
成。底面有两组隧孔，为桯钻而成，孔内
壁经打磨，可见一道切割面，其内有直的
切割痕迹。

龙首纹玉镯（北村 M106：50）

高 0.8 ～ 1、直径 7.7 ～ 8、孔径 5.25、龙首长 2.4 ～ 2.6 厘米

黄白色，夹杂较多黄褐色斑块和少量灰褐色斑块。圆环形，整体打磨光滑，内壁近直，外壁弧凸。外壁以减低浅浮雕、阴线刻的方式等距离琢刻六个龙首纹。龙首纹最明显的部位为凸出的浅浮雕双角、圆形双眼和宽扁大嘴。左、右两侧为阴线刻弧形外轮廓，由三道线组成，其中中部的弧线被三组横刻线隔开。双角上各有一道弧线刻划纹。双凸眼外侧有两圈刻划而成的眼圈，双眼之间为由短横线和短弧线组成的眼梁。双眼下侧各有一道下弧的短线，嘴左、右两侧各有一道向上弧的短线，两处短弧线之间以两道弧线刻划线相连，由此表示出脸的范围。

❶

❷

玉镯（北村 M106：51～53）

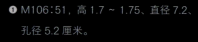

❶ M106：51，高 1.7～1.75、直径 7.2、
孔径 5.2 厘米。

❷ M106：52，高 1.85、直径 6.2、孔径 5.2
厘米。

❸ M106：53，高 2～2.6、直径 7.8、孔
径 5.5 厘米。

黄白色，偏青绿，夹杂较多灰褐色斑块和
少量黄褐色斑块。宽环形，内壁较直，外
壁弧凸。M106：53 器身可见一道线切
割痕迹；内壁似可见台痕。

❸

玉璜（北村 M106：4）

高 4.95、宽 9.6、最厚 0.6 厘米

浅青绿色，夹杂少量黄褐色、灰褐色、深青绿色斑块。半璧形，上端中部有圆弧形凹缺。整器中部厚、侧缘薄。两面均可见切割痕迹。M106：6 ~ 22 共 17 件玉管属于与玉璜 M106：4 配套的管串。

▲ 玉璜（北村 M106：4）
与 17 件玉管

玉璜（北村 M106：33）

高 4.9、宽 11.5、最厚 0.75 厘米

黄白色，夹大量红褐色、灰褐色絮斑。半壁形，上端中部有圆弧形凹缺，两侧各有一个对钻小孔。整器中部厚、侧缘薄。两面均可见多道线切割痕迹。M106：33 玉璜与 M106：31、32 两颗鼓形珠及八个圆牌（M106：38～45）存在明确的配伍关系。

▲ 玉璜（北村 M106：33）与玉圆牌
（北村 M106：38～45）

玉圆牌

（北村 M 106：38）

直径 3.6、厚 0.4、孔径 1.3 厘米

黄白色夹褐红色，夹少量灰褐色斑块。圆形，厚薄较均匀。孔壁斜直，应为双面管钻后裁切而成。

玉圆牌

（北村 M 106：39）

直径 3.2、厚 0.4、孔径 1.2 厘米

黄白色，夹较多墨绿色斑点。圆形，厚薄较均匀，外缘圆钝。孔壁斜直，应为双面管钻后裁切而成。器身还有一处双面桯钻小孔。

玉圆牌

（北村 M 106：40）

直径 4、厚 0.45、孔径 1.3 厘米

黄白色夹褐红色，夹杂少量灰褐色絮斑。圆形，厚薄较均匀。双面管钻孔。器身还有一处双面桯钻小孔。

玉圆牌

（北村 M 106：41）

直径 4.05、厚 0.46、孔径 1.4 厘米

黄白色，夹杂少量黄褐色斑块。圆形，厚薄较均匀。双面管钻孔。器身还有一处双面桯钻小孔。

第二单元

早期良渚

⭕ **玉圆牌**
（北村 M 106：42）

直径 4.3、厚 0.5、孔径 1.6 厘米

黄褐色夹灰褐色。圆形，厚薄较均匀。双面管钻孔。器身还有一处双面程钻小孔。

⭕ **玉圆牌**
（北村 M 106：43）

直径 4.4、厚 0.45、孔径 1.6 厘米

黄白色夹褐红、灰褐色。圆形，厚薄较均匀。双面管钻孔。器身还有一处双面程钻小孔。另可见两处片切割痕迹。

⭕ **玦形玉圆牌**
（北村 M 106：44）

直径 5.6、厚 0.4、孔径 2.3 厘米

黄白色，夹杂少量黄褐色、灰褐色斑块。圆形，厚薄较均匀。双面管钻孔。器身还有一处双面程钻小孔，小孔相对的另端以线切割做出缺口。两面均可见弧形线切割痕迹。

玦形玉圆牌
（北村 M 106：45）

直径 5.4、厚 0.5、孔径 2.3 厘米

黄褐色夹灰褐色。圆形，厚薄较均匀。双面管钻孔。器身还有一处双面桯钻小孔，小孔相对的另端以线切割做出缺口。一面可见弧形线切割痕迹，另一面有一处凹槽。

玉圆牌（北村 M106：1）

直径 4.6、孔径 1.2、厚 0.6 厘米

浅青绿色，夹较多墨绿色斑块。圆形，中部厚、外缘减薄。双面管钻孔。器身还有一处双面桯钻小孔。

玉圆牌（北村 M106：2）

直径 4.3、孔径 1.4、厚 0.5 厘米

黄白色，夹较多灰褐色斑块。圆形，厚薄较均匀。双面管钻孔。器身还有一处双面桯钻小孔。

第二单元　早期良渚

北村 M104
（女性）

◎　M104位于北村南地点高台地。头朝南。随葬品共15件，玉器仅8件。包括陶鼎2件、甗鼎1件、罐1件、豆1件、过滤器1件，玉璜1件、镯1件、柱形器1件、坠饰3件、隧孔珠2件，石纺轮1件。

▲ 北村 M104 完工照

▲ 北村 M104 出土陶器

❶ 陶豆（M104：7）

❷ 陶甗鼎（M104：10）

❸ 陶鼎（M104：11）

❹ 陶过滤器（M104：12）

玉镯（北村 M104：6）

高 1.83、直径 9、孔径 5.66 厘米

黄白色，偏白，夹杂较多红褐色、黄褐色和灰色斑块。宽环形，内壁略弧凸，打磨较光滑，外壁近直。上、下面平整，可辨两道近直的切割痕迹。

玉璜（北村 M104：2）

高 4.85、宽 8.7、最厚 0.54 厘米

黄白色，偏白。半璧形，顶部不平，中部以线切割的方式做出半圆形凹缺，两侧各有两个对钻小孔（均为一个完整、一个残缺），为桯钻而成。整器中部厚、侧缘薄，一面略平直、一面弧凸。平直面有多道线切割痕迹，弧凸面打磨光滑，应为正面。

玉柱形器（北村 M104：3）

高 2.13、直径 1.96、孔径 0.78 厘米

浅青绿色，局部呈黄白色。圆柱形，外壁可见台痕，可见是利用钻芯改制而成。双面管钻孔，孔壁经打磨和扩孔。

玉坠饰（北村 M104：4）

长 4.3、厚 0.61、孔径 0.59 厘米

黄白色，局部呈浅青绿色，夹杂较多黄褐色斑块。不规则长条形，顶部有一处双面桯钻大孔。器身可见两处线切割痕迹和一处片切割痕迹。

玉坠饰（北村 M104：1）

长 7.4、宽 2.3、厚 0.58 厘米

黄白色，夹杂大量黄褐色斑块。平面近不规则长方形，顶面近平，可见线切割痕迹，两端各有一个桯钻小孔，整器可能起到类似璜的作用。器表凹凸不平，可见多道线切割痕迹。底面可见片切割痕迹。

玉坠饰（北村 M104：5）

长 5.68、宽 0.66、厚 0.35 厘米

灰白色，夹少量灰褐色斑块。长条形，横截面近方形，两侧缘可见片切割痕迹。顶端有一个双面桯钻孔。另一端也有一个双面桯钻孔，残。

北村M101
（女性）

◎　M101位于北村南地点高台地。头朝北。随葬品共34件，其中玉器27件。包括陶鼎1件、甗鼎1件、豆1件、罐2件、圈足盘1件、玉冠状器1件、璜2件、镯2件、柱形器1件、锥形器1件、隧孔珠2件、管18件、石钺1件。

▲ 北村 M101 完工照

❶

▲ 北村 M101 出土陶器

❶ 陶豆（M101：26）

❷ 陶甋（M101：29）

❸ 陶圈足盘（M101：28）

❷

❸

玉冠状器（北村 M101：7）

高 2.4、上端宽 4.46、下端宽 3.98、厚 0.42
厘米

黄白色，夹少量灰褐色斑块。扁倒梯形，
顶部平直，中部切割成半圆形顶。两侧缘
斜直。榫部为减地，其上有两个小的对钻
孔，为桯钻而成。榫部可见一道片切割痕
迹。出土时榫部发现有红色朱砂痕迹。

玉镯（北村 M101∶19）

高 3.56、直径 7、孔径 5.9 厘米

黄白色，局部显浅青绿色，夹杂大量灰褐色、红褐色斑块。筒形，上、下端面平整，内壁略弧凸，外壁直。一端面可见一道片切割痕迹。

玉镯（北村 M101∶20）

高 2.55、直径 8.2、孔径 6.15 厘米

黄白色，局部显浅黄绿色，夹杂大量灰褐色、红褐色和黄褐色斑块。矮筒形，上、下端面平整，内、外壁近直。

玉璜（北村 M101：1）

高 4.64、宽 8.73、最厚 0.58 厘米

浅青绿色，局部显黄白色，夹杂大量灰褐色、黄褐色斑块。半璧形，顶部平，中部有半圆形凹缺，凹缺内壁可见台痕，应为管钻而成。凹缺两侧各有一个对钻小孔，为桯钻而成。中部略厚，边缘减薄。顶部和底缘均可见一道片切割痕迹。

玉璜（北村 M101：11）

高 4.85、宽 8.7、最厚 0.54 厘米

黄白色，偏白。半璧形，顶部不平，中部以线切割的方式做出半圆形凹缺，两侧各有两个对钻小孔（均为一个完整、一个残缺），为桯钻而成。整器中部厚、侧缘薄，一面略平直、一面弧凸，平直面有多道线切割痕迹，弧凸面打磨光滑，应为正面。

玉柱形器（北村 M101：4）

高 1.72、直径 4.51、孔径 1 厘米

浅青绿色，夹杂较多灰褐色、黄褐色斑块。圆柱形，孔壁近直，不甚圆，可见多道竖向打磨扩孔的痕迹。外壁直。上、下端面平整。

北村 M117
（女性）

◎　位于北村南地点低台地。人骨几无存，根据随葬品推测头朝北。随葬品共4件，有陶鼎、双鼻壶、纺轮各1件，另有龙首纹玉环1件。

▲ 北村 M117 完工照

❶

❷

▲ 北村 M117 出土陶器

❶ 陶双鼻壶（M117:4）

❷ 陶鼎（M117:3）

龙首纹玉环（北村 M117：1）

直径 1.65、孔径 0.69、厚 0.63 厘米

灰白色，局部显青绿色，可透光。双面管钻孔，经打磨，可辨台痕。以浮雕的方式切割出双角、双大眼、扁横凸鼻，以线刻的方式表现了双眼圈。

北村 M126
（男性）

◎ M126 为北村遗址等级最高的男性贵族墓葬。位于北村南地点 T0610 南部，处于墓地南排最西。开口第 6 层下，打破第 10 层。长方形竖穴土坑墓，墓坑长 2.89 米，宽 1.25～1.50 米，深 0.67 米。椁长 2.34 米，宽 0.89 米。棺痕不甚明显，根据残留痕迹及玉器分布可知棺长约 2.29 米，宽约 0.84 米，呈凹弧状，推测为独木舟式的带棺盖的凹弧底木棺，棺板厚约 5 厘米。人骨无存。根据成组玉锥形器、陶器的分布情况可知墓主头朝南略偏西，头向 218°。另根据成组玉锥形器、石钺等性别指示特征明显的器物推测，墓主为男性。随葬品编号 49 件，包括玉冠状器 1 件、成组锥形器 3 件、单件锥形器 1 件、镯 1 件、长管 1 件、隧孔珠 2 件、其余管珠 36 件，带漆柄石钺 1 件，陶鼎、豆、罐各 1 件。

▲ 北村 M126 完工照

▲ 北村 M126 细部

▲ 陶豆（北村 M126：45）

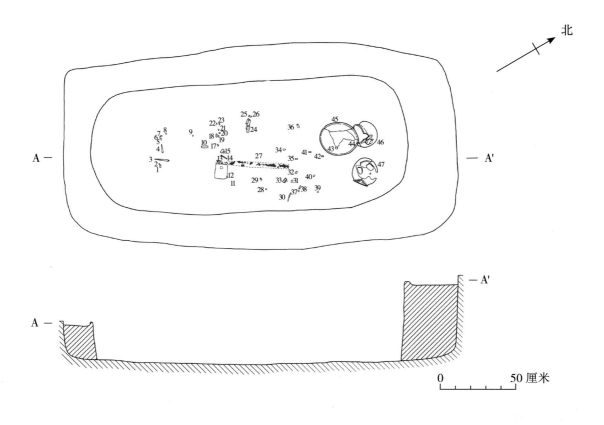

▲ 北村 M126 平、剖面图

1、5、7、11、12、16、18、29、31、32、34～36、40～42、44、49.玉柱形管　2、15、17、23、43.玉鼓形珠　3、4、14、30.玉锥形器　6、8、13、19～22、25、26、37～39、48.玉鼓形管　9、28.玉隧孔珠　10.玉长管　24.玉镯　27.带漆柄石钺　33.玉冠状器　45.陶豆　46.陶罐　47.陶鼎（48.玉鼓形管、49.玉柱形管，为淘洗墓葬填土时发现）

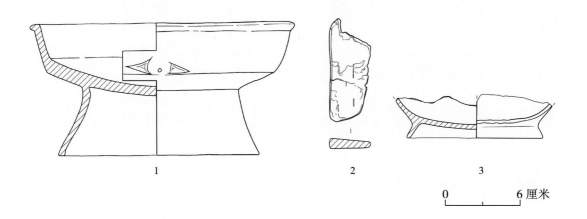

▲ 北村 M126 出土器物线图

1.陶豆（M126：45）　2.陶鼎（M126：47）　3.陶罐（M126：46）

北村 M127
（男性）

◎ M127 位于北村南地点高台地。头朝南。随葬品 38 件，其中玉器 33 件。包括陶鼎、豆、罐各 1 件、玉冠状器 1 件、镯 1 件、锥形器 6 件、隧孔珠 2 件、长管 2 件、管 20 件、珠 1 件、石钺 2 件。

▲ 北村 M127 完工照

成组玉锥形器

（北村 M127：2 ~ 6）

- M127：2，颜色略浅；长 5.4、直径 0.61 厘米。

- M127：3，长 5.61、直径 0.53 厘米。

- M127：4，器身可见一道竖向的片切割痕迹，截面近圆形；长 7.86、直径 0.55 厘米。

- M127：5，器身两侧可见各有一道竖向的片切割痕迹，截面接近不规则椭圆形；长 6.39、直径 0.52 厘米。

- M127：6，器身一侧可见一道竖向的片切割痕迹，截面接近不规则椭圆形；长 7.59、直径 0.49 厘米。

5 件。玉质玉色接近，均为浅青绿色。形制相似，截面为不规则的椭圆形，底部磨成两面斜坡状，钻有小孔。

玉镯（北村 M127：28）

高 1.82、直径 8.08、孔径 4.96 厘米

黄白色，偏浅青绿色，夹杂较多灰色和黄褐色斑块。环形，内壁斜直，打磨较光滑，外壁较直，上、下面不平整。器表留有弧形凹痕。

北村 M130
（男性）

◎　M130 位于北村南地点高台地。头朝南。随葬品共 51 件，其中玉器 45 件。包括陶鼎、豆、罐、大口缸各 1 件、玉冠状器 1 件、镯 1 件、锥形器 6 件、长管 4 件、隧孔珠 1 件、管 32 件、石钺 2 件。

▲ 北村 M130 完工照

▲ 北村 M130 出土陶器

❶ 夹砂陶大口缸（M130：44）

❷ 陶豆（M130：45）

玉冠状器（北村 M130：2）

高 1.61、顶宽 4.4、底宽 4.13 厘米

黄白色。扁平倒梯形，顶部平直，中部切割成半圆形顶。一面可见线切割凹弧。底部可见大片漆痕。与四件成组玉锥形器M130：3、4、5、6 一起整体提取。

玉镯（北村 M130：34）

高 1.56、直径 7.1、孔径 5.51 厘米

黄白色，偏浅青绿色，夹杂较多灰色和黄褐色斑块。环形，内壁较直，经打磨，可辨管钻旋痕，外壁较直，上、下面平整。器表留有一道近直的切割痕迹。

玉长管（北村 M130：11）

长 7.46、直径 1.53 ～ 1.89、孔径 0.73 厘米

黄白色，夹杂大量黄褐色和红褐色斑块。柱形，横截面近椭圆形。器身打磨光滑，孔壁经打磨和扩孔，不甚规则。可见多处玉料残缺。

北村M107
（男性）

◎　M107 位于北村南地点高台地。头朝南。随葬品共 27 件，其中玉器 22 件。包括陶鼎 1 件、豆 1 件、圈足罐 2 件，玉镯 1 件、锥形器 4 件、隧孔珠 2 件、长管 1 件、管 14 件，石钺 1 件。

▲ 北村 M107 完工照

▲ 陶豆（北村 M107：19）

 玉镯（北村 M107：14）

高 1.46～2.54、直径 6.47、孔径 4 厘米

黄白色，偏白夹杂较多灰色和黄褐色斑块。筒形，内壁斜直，打磨较光滑，可辨管钻旋痕，外壁较直，上、下面不平。器表留有两处片切割痕迹。

玉长管（北村 M107：15）

长 6.7、直径 1.5、孔径 0.7 厘米

黄白色，偏白，夹杂少量墨绿色和黄褐色斑块。形制不甚规整，截面近弧边三角形。双面管钻孔，孔壁经打磨，可见旋痕。器表可见一道斜向的和两道横向的切割痕迹。

● 官井头遗址第二阶段遗存为良渚文化墓地，共清理 51 座墓葬，大致分三个片区，内部又作东西向成排分布。良渚早期墓居多，共 42 座；良渚中期墓 7 座，晚期墓 2 座。墓葬头向仅 4 座朝南，其余皆朝北，这与常规朝南头向有明显差异。墓坑大小相差较明显，墓坑较大的墓葬多数可辨葬具痕迹，M51、M64、M65 等葬具内还能剥剔出边壁。除 M15 可见右肢骨外，其他墓人骨架均不存。随葬品总数达 881 件，其中玉器 653 件、陶器 203 件，石器 25 件。但各墓随葬品多寡差距较显著，多者 58 件，少者则仅 3 件，平均约 17 件。随葬品种类丰富，玉器有琮、琮式管、璧、镯、冠状器、璜、玦、圆牌、锥形器、端饰、龙首饰、坠饰、管、珠、隧孔珠等；陶器有鼎、豆、罐、盆、甗、过滤器、缸、杯、纺轮等，其中鼎、豆、罐为基本组合；石器比较单一，仅有钺和纺轮。随葬品数量 30 件以上的墓葬有 10 座，它们的墓坑宽度几乎都在 1 米以上，大多也能辨别葬具痕迹，随葬玉器种类较丰富，且不乏高品级玉器，墓葬规格明显较高，反映了以血缘为纽带的墓地内已出现较严重的等级分化。||||||||||||||||||||||||||||||

● 良渚早期三片墓区同时使用，似代表三个血缘家族。东区有 10 多座墓，等级均较高，M51、M54、M64、M65 等最重要的墓均出自该区域；其西侧紧邻 F4、F5、F6 建筑群。西区有近 20 座墓，围绕 F2 分布。南区有 10 余座墓，总体呈东西向单排分布，其西端南部同样有一处建筑遗迹 F7。||||||||||

● 良渚中期发现少量几座墓，也见高规格墓葬，包括 2008 年出土的玉冠状器、玉镯、玉璧等同属这一时期。良渚晚期墓葬保存极少，但在遗址西部出现了成组石砌遗迹，在当时应有一处先进的大型生活设施。||||||||

● 从更宏观的视角，官井头遗址是大雄山丘陵史前文化带中具有里程碑意义的重要遗址，反映了良渚地区崧泽晚期至良渚早期连续不断的发展根系，同时表明在良渚早期，良渚地区已出现女性主导的贵族集团，玉冠状器、成组锥形器、璜组佩、镯构成一套身份标识体系，还出现了"凸"字形冠状器、龙首冠状器、镂空兽面牌饰、弧形兽首璜、龙首饰、兽面镯等一批罕见的玉器。这些贵族墓葬与瑶山墓地、北村贵族墓区具有相似的葬仪，彼此之间应存在内在关联，从中可以追寻社会权力分化、传递、放大的运行轨迹。总之，官井头遗址根植于崧泽晚期墓地，在持续发展中兼收并蓄，

▲ 官井头遗址发掘场景

成功培育出贵族集团，代表了良渚遗址群崛起的先声，因此是研究良渚古
城兴起、良渚玉礼器发展不可或缺的重要资料。||||||||||||||||||||||

资料来源：

浙江省文物考古研究所：《良渚官井头遗址崧泽文化遗存》，《浙北崧泽文化考古报告集》，文物出版社，
2014年。

浙江省文物考古研究所：《杭州市余杭区官井头遗址良渚文化遗存》，《考古》2023年第1期。

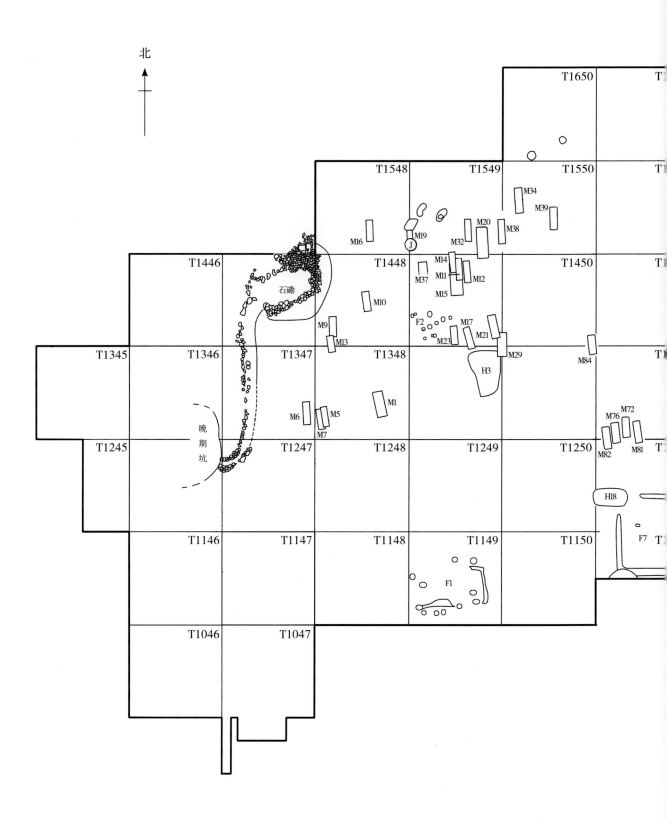

北

T1652	T1653	T1654	T1655	T1656	
T1552	T1553	T1554	T1555	T1556	T1557
T1452	T1453	T1454		T1456	T1457
T1352		T1354	T1355	T1356	T1357
T1252	T1253	T1254	T1255	T1256	T1257
T1152	T1153	T1154	T1155		

M61

F4

H13

H12

F6

F5

H17

M51 M64 M65 M59

H15

H14

M69

M54 M75 M89 M87 M90 M1456

M57 M79

M68

M63 M55

M47

M48

M92

M50 M56

M94

H25 H24

H26 H23

0　　　　　　10 米

▲ 官井头遗迹总平面分布图

▲ 官井头 M64 出土陶器组合

▲ 官井头 M51 出土陶器组合

▲ 官井头 M65 出土陶器组合

▲ 官井头 M54 出土陶器组合

▲ 官井头 M79 出土陶器组合

▲ 官井头 M92 出土陶器组合

官井头 M64
（女性）

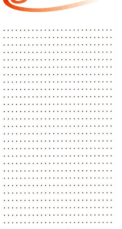

◎　M64 开口于第 3 层下，打破第 4B 层和 5 层。为长方形竖穴土坑墓，墓坑长 3.70 米，宽 1.50～1.55 米，深 0.50～0.54 米。残存棺椁痕迹，椁长 3.20 米，宽 1.00～1.05 米，残高 0.50～0.52 米；棺长 2.10 米，宽 0.63 米，残高 0.08 米。人骨架不存。随葬品共 55 件，分别为玉冠状器 1 件、镯 6 件、璜 2 件、圆牌 3 件、块形圆牌 8 件、锥形饰 1 件、管 24 件、隧孔珠 1 件、纺轮 1 件，以及陶鼎 2 件、陶甗、罐、豆、过滤器、夹砂缸各 1 件。其中玉冠状器位于头部；颈部有玉璜和管串组佩；胸部有圆牌和玉块组佩；右手腕有 4 件玉镯，左手腕有 2 件玉镯；玉锥形饰在左手处，玉管、玉隧孔珠散落于棺内。玉纺轮及陶鼎、豆、罐、过滤器、夹砂缸等陶器集中分布于椁室南部，其中夹砂缸呈倒伏状位于陶器堆南端，过滤器斜压于陶甗之上。

▲ 官井头 M64 完工照

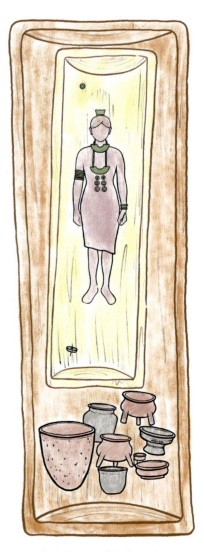

▲ 官井头 M64 葬仪复原图

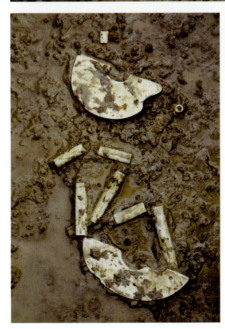

▲ 官井头 M64 细部

北

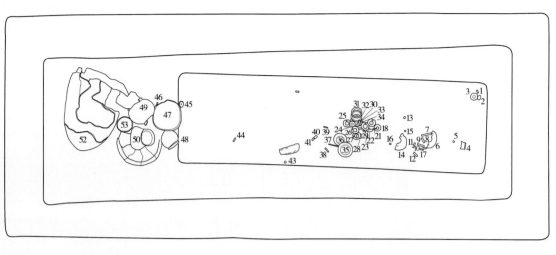

0　　　　　　50 厘米

▲ 官井头 M64 平面图

1、2、7～13、15～17、29、30、38～44、46、54、55.玉管　3.玉柱形器　4.玉冠状器　5.玉隧孔珠　6、14.玉璜　18～28.玉
圆牌　31～36.玉镯　37.玉锥形饰　45.玉纺轮　47.陶豆　48、53.陶鼎　49.陶罐　50.陶过滤器　51.陶甗（在 50 下）　52.夹砂陶
大口缸

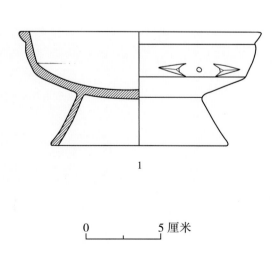

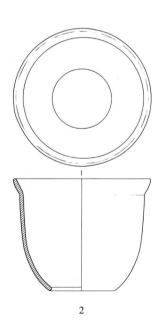

1

2

0　　　　　　5 厘米

▲ 官井头 M64 出土器物线图

1.陶豆（M64：47）　2.陶甗（M64：51）

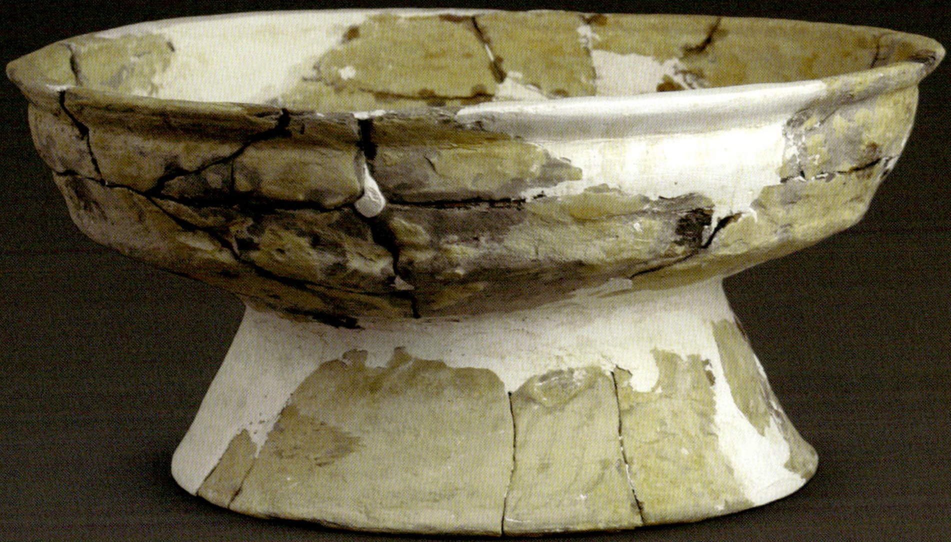

❶

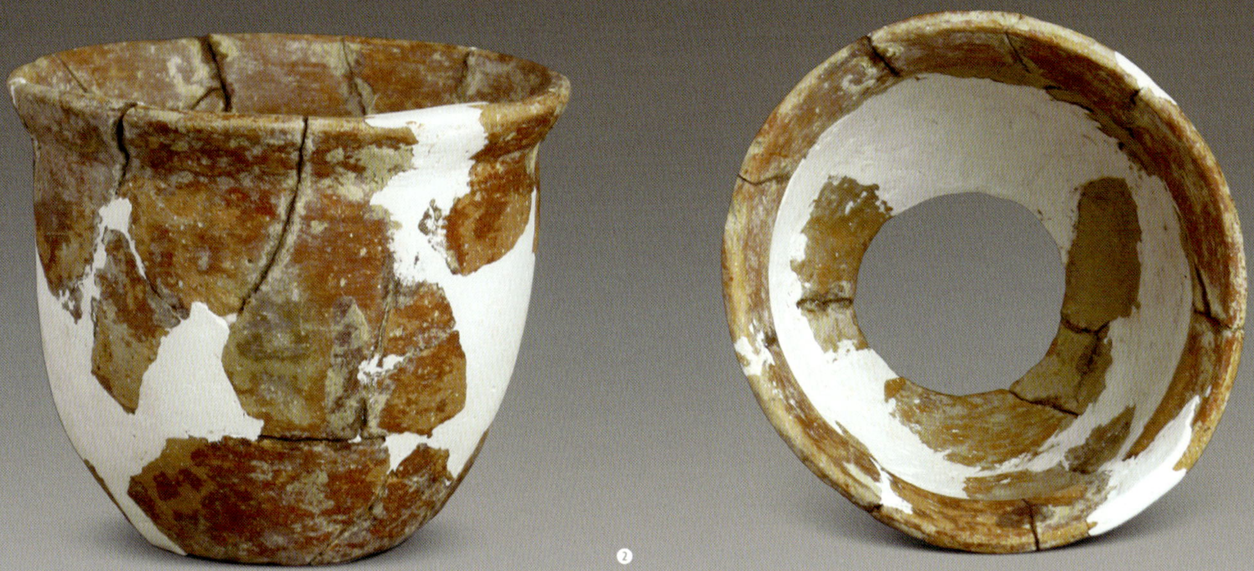

❷

▲ 官井头 M64 出土陶器

❶ 陶豆（M64：47）

❷ 陶甑（M64：51）

龙首纹玉冠状器

（官井头 M64：4）

高 3.33、顶宽 4.72、底宽 3.93、厚 0.46 厘米、
龙首长 1.35 厘米

黄白色，夹少量灰白色筋斑，玉质上佳。
倒梯形，正面略弧凸，背面平直，侧缘内
凹明显。中部减地做出半圆形顶，两侧琢
刻相对的两个微型龙首。龙首纹由短凸角、
刻划眼（三个单圈，一个双圈，眼珠凸起）、
宽扁嘴组成，嘴内及嘴下部均有简略的刻
划线。龙首纹靠近正面的部分琢刻出椭圆
形双圈，双圈内有两组短刻线，每组三根线。
靠近背面的部分凸起，椭圆形双圈以略笔
表示。无榫部，器底有三个双面锃钻孔。

玉镯（官井头 M64：31 ～ 36）

❶ M64：31

高 0.91、直径 7.45、孔径 5.78 厘米。

黄白色，夹少量灰色和灰绿黑色斑点。条
形环状，内壁近直，靠两面处略弧，推测
为管钻孔，外壁直。整器打磨光滑，器形
较规整。

❷ M64：32

高 1.16 ～ 1.66、直径 7.53、孔径 5.78
厘米。

黄白色，夹少量灰色和灰绿黑色斑点。条
形环状，内壁略弧凸，推测为管钻孔，依
稀可辨管钻，外壁直。整器打磨光滑，器
形略不规整。

❶

❷

③

④

⑤

❸ M64：33

高 1.23、直径 8.55、孔径 5.57 厘米

黄白色，局部显浅绿色，夹少量灰黑色和灰色斑点。条形环状，内壁近直，外壁弧凸。整器打磨光滑，器形厚薄略不规整。

❹ M64：34

高 1.34、直径 8.99、孔径 5.8 厘米

黄白色，夹少量黄褐色和灰黑色斑点。条形环状，内壁近直略弧，外壁弧凸。整器打磨光滑，器形厚薄略不规整。

❺ M64：35

高 2.17、直径 9.54、孔径 6.26 厘米

黄白色。整器较大而厚重。条形环状，内壁近直，外壁弧凸。整器打磨光滑，器形较规整。

❻ M64：36

高 0.9、直径 8.17、孔径 5.6 厘米

黄白色，夹少量灰绿色斑点。条形环状，内壁近直略弧，外壁直。整器打磨光滑，器形较规整。

❻

玉璜（官井头 M64：6）

高 5.32、宽 13.3、半环形凹缺长 3.39、孔
径 0.4 ～ 0.47 厘米

浅黄白色，夹少量灰色斑块，质地上佳。
半圆形，弧形较规整，弧缘近直。顶面弧凸，
边缘减薄，底面近平。顶部平直，中部有
半圆形凹缺，较圆弧，凹缺两侧各有一个
双面桯钻孔。底面可见多道线切割痕迹。

玉璜（官井头 M64：14）

高 6.23、宽 11.14、半环形凹缺长 2.68、孔径 0.5 厘米

黄白色，质地上佳。半圆形，弧形不甚规整，有玉料残缺，略经打磨。顶面弧凸，边缘减薄，底面凹凸不平，可见多道线切割痕迹。顶部平直，有两处玉料残缺，中部有半圆形凹缺，不甚圆，凹缺内可辨多道切割痕迹，似有管钻、线切割和片切割痕迹，较复杂，凹缺两侧各有一个双面桯钻孔。

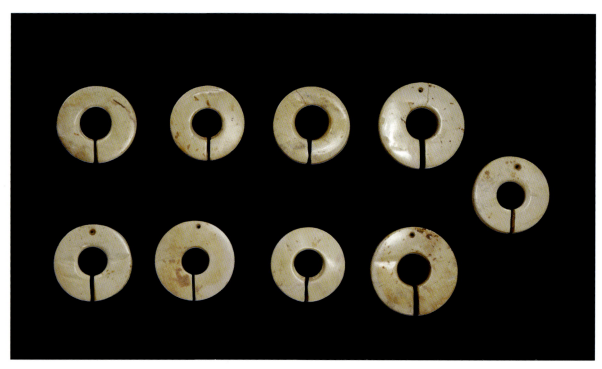

▲ 官井头 M64 出土玉圆牌组合

玉圆牌（官井头 M64：23）

直径 3.4、厚 0.32 ～ 0.5、孔径 1.2 ～ 1.5 厘米

乳白色。扁圆形，单面钻孔，一侧加钻一小孔。制作精良，通体磨光，有玻璃光泽。正面稍斜，背面有线切割痕。

玉圆牌（官井头 M64：24）

直径 3.5、厚 0.4、孔径 1.3 ～ 1.5 厘米

乳白色。扁圆形，单面钻孔，一侧加钻一小孔，制作精良，通体磨光，有玻璃光泽。外缘略斜，推测是利用钻芯制成，孔壁斜直，推测先做出高柱体再行切割，其中一面可见少量线切割痕迹。

○ **玦形玉圆牌**（官井头 M64：18）

直径 4.35、厚 0.54 ~ 0.92、孔径 1.9、缺
口最宽 0.23 厘米

———————————

黄白色，夹少量灰褐色斑块。圆饼形，厚
薄不均。双面管钻孔，孔壁经打磨，旋痕
不明显，台痕明显。外壁可见台痕，可见
乃利用钻芯制作而成，一面可见多道线切
割痕迹。缺口处可见线切割痕迹，切割方
向与顶面和底面垂直。

○ **玦形玉圆牌**（官井头 M64：19）

直径 4.64、厚 0.8、孔径 1.83、缺口最宽 0.26
厘米

———————————

黄白色，夹少量灰褐色斑块。圆饼形，厚
薄均匀，形制规整。双面管钻孔，经打磨
光滑。缺口处凹凸不平，不见切割痕迹，
缺口相对位置有双面桯钻小孔一处。一面
可见一道线切割痕迹和一道片切割痕迹。

玦形玉圆牌（官井头 M64：20）

直径 4.73、厚 0.46、孔径 1.68、缺口最宽 0.2 厘米

黄白色，夹少量灰褐色斑块。圆饼形，厚薄均匀，形制规整。孔壁斜直，推测先做出高柱体再行切割。缺口为线切割而成，切割方向与顶面和底面垂直，缺口相对位置有双面桯钻小孔一处。一面可见多道线切割痕迹。

玦形玉圆牌（官井头 M64：21）

直径 4.3、厚 0.4 ～ 0.8、孔径 0.9、缺口宽 0.2 厘米

乳白色，带红棕色沁斑。一面略斜弧，一面有线切割痕。器身厚薄不均，斜向双面钻孔。

玦形玉圆牌（官井头 M64：22）

直径 5.22、厚 0.78、孔径 2、缺口最宽 0.27 厘米

黄白色，夹较多黄褐色斑块。圆饼形，厚薄不甚均匀。孔壁斜直，推测先做出高柱体再行切割，经打磨，旋痕不明显。缺口处经打磨，虽较粗糙，但不可辨切割痕迹，缺口相对位置有双面桯钻小孔一处。一面有两道近直的切割痕迹，应为片切割。

玦形玉圆牌（官井头 M64：25）

直径 4.6、厚 0.91、孔径 2.2、缺口最宽 0.26 厘米

黄白色，夹少量灰绿色斑块。圆饼形，厚薄不均。孔壁斜直，推测先做出高柱体再行切割，经打磨，旋痕不明显。缺口为线切割而成，痕迹明显，切割方向与顶面和底面垂直，缺口相对位置无钻孔。一面可见多道线切割痕迹。

玦形玉圆牌（官井头 M64：26）

直径 4.59、厚 0.68～0.95、孔径 2、缺口最宽 0.29 厘米

黄白色，夹少量灰褐色斑块。圆饼形，厚薄不均。双面管钻孔，孔壁经打磨，旋痕不明显，台痕明显。缺口处打磨光滑。外壁可见台痕，可见乃利用钻芯制作而成。

玦形玉圆牌（官井头 M64：27）

直径 5.15、厚 0.75、孔径 2、缺口最宽 0.33 厘米

黄白色，夹少量灰绿色、黄褐色斑块。圆饼形，厚薄不甚均匀。孔壁斜直，推测先做出高柱体再行切割，经打磨，旋痕不明显。缺口为线切割而成，切割方向与顶面和底面垂直，缺口相对位置有双面桯钻小孔一处。

玦形玉圆牌（官井头 M64：28）

- 直径 4.39、厚 0.9、孔径 1.88、缺口最宽 0.18
厘米

黄白色，夹较多红褐色斑块和少量灰绿色
斑块。圆饼形，厚薄不均。孔壁近直，靠
两面处略弧，双面管钻孔，台痕明显，略
经打磨，保留旋痕。缺口处凹凸不平，但
不可辨切割痕迹，缺口相对位置有一钻孔。
一面可见一道管钻圆弧，另一面可见片切
割痕迹。

玉纺轮（官井头 M64：45）

直径 4.49、厚 0.89、孔径 0.67 厘米

黄白色，玉质上佳。圆形饼状，顶面弧凸，底面平。中部有双面管钻孔，孔壁经打磨，底面管钻孔外侧还可辨另一处半圆形钻孔痕迹，深度极浅。顶面管钻边有一处未钻透的桯钻孔，孔壁可见粗疏的旋痕。底面可见一道线切割痕迹。

玉柱形器（官井头 M64：3）

高 1.62、直径 4.52、孔径 1.58 厘米

黄白色，夹杂较多浅黄色斑块，玉质上佳。矮柱形。双面钻孔，可见明显的台痕，应为管钻而成，孔内壁经打磨，依稀可辨管钻旋痕。器形不规整。外壁可见台痕，可见该器物乃利用钻芯制作而成。一面可见多道线切割痕迹，部分痕迹近直。

玉管（官井头 M64：7 ～ 12）

❶ M64：7，长 6.7、直径 1.43、孔径 0.8 厘米。浅黄绿色，玉质上佳。长柱形，中部略粗，截面不甚圆，略呈多边形。双面管钻孔，孔壁经打磨光滑。器表可辨一道竖的线切割痕迹。

❷ M64：8，长 7.48、直径 1.44、孔径 0.84 厘米。浅黄绿色，玉质上佳。长柱形，中部略粗，截面不甚圆，略呈圆角方形。双面管钻孔，孔壁经打磨光滑。器表可辨一道竖的和一道横的线切割痕迹。

❸ M64：9，长 3.8、直径 1.34、孔径 0.58 厘米。浅黄白色，夹较多灰褐色斑块，玉质上佳。长柱形，中部略粗，截面不甚圆。双面管钻孔，孔壁经打磨光滑。

❹ M64：10，长 6.19、直径 1.53、孔径 0.75 厘米。浅黄绿色，玉质上佳。长柱形，中部略粗，截面不甚圆，略呈圆角方形。双面管钻孔，孔壁经打磨光滑。器表可辨一道竖的片切割痕迹和一道竖的线切割痕迹。

❺ M64：11，长 3.89、直径 1.29、孔径 0.84 厘米。浅黄绿色，夹较多灰褐斑块，玉质上佳。长柱形，中部略粗，截面不甚圆，略呈三角形。双面管钻孔，孔壁经打磨光滑。器表可辨一道竖的片切割痕迹和一道横的切割痕迹。

❻ M64：12，长 3.95、直径 1.3、孔径 0.69 厘米。黄白色，偏黄，玉质上佳。长柱形，中部略粗，截面不甚圆。双面管钻孔，孔壁经打磨光滑。

▲ 玉璜（官井头 M64：6）和管串

官井头 M51
（女性）

◎ M51 墓坑长 3.15 米，宽 1.4 米，深 0.6 米（残）。头朝北。随葬品共 53 件，其中玉器 48 件。包括玉璜 2 件、镯 2 件、冠状器 1 件、玦形圆牌 4 件、圆牌 3 件、锥形器 1 件、隧孔珠 2 件、管 30 件、珠 3 件，陶鼎、豆、罐、盆、缸各 1 件。

▲ 官井头 M51 完工照

▲ 官井头 M51 细部

▲ 官井头 M51 细部

❶

❷

▲ 官井头 M51 出土陶器

❶ 陶豆（M51：48） ❷ 陶带盖豆（M51：50）

玉璜（官井头 M51：44）

高 4.83、高 10.88、半环形凹缺长 1.98、孔径 0.18 ～ 0.34 厘米

浅黄色，局部显白，夹少量浅灰色斑块，质地上佳。半圆形，弧形较规整，弧缘近直。两面均中部较平，边缘略减薄。顶部平直，顶面中部做出凹缺，凹缺处用线切割方式做出尖凸，尖凸两侧各有一处螺旋形镂空，底部另有一正面飞鸟形镂空。凹缺两侧各有一个双面桯钻孔。一面可见一道线切割痕迹。

❶ ❷ ❸ ❹

❶ 玉圆牌（M51：21）

直径 4.6、厚 0.39、孔径 1.62 厘米

黄白色。圆饼形。孔壁斜直，打磨光滑。推测是从较高的柱形体上切割而来。一面可见多道线切割痕迹。

❷ 玦形玉圆牌（M51：22）

直径 5、厚 0.68、孔径 1.56 厘米

黄白色，局部显黄绿，夹杂较多黄褐色、灰褐色斑块。圆饼形，打磨较精细。孔壁斜直，打磨光滑，推测是从较高的柱形体上切割而来。一面可见线切割痕迹。玦口为线切割而成，痕迹明显，切割方向与牌面垂直。

❸ 玉圆牌（M51：23）

直径 4.47、厚 0.51、孔径 1.83 厘米

黄白色，局部显黄绿色，夹少量黄褐色斑块。圆饼形，厚薄较均匀，形制较规整，通体打磨光滑。孔壁斜直，打磨光滑，推测是从较高的柱形体上切割而来。有一个双面桯钻小孔。

❹ 玉圆牌（M51：24）

直径 4.87、厚 0.32、孔径 1.39 厘米

黄白色，偏黄，夹少量黄褐色斑块。圆饼形，外缘不甚圆，甚薄。孔壁斜直，近底部可辨一处台痕，推测是从较高的柱形体上切割而来。两面均可见线切割痕迹。

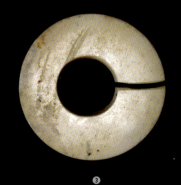

① ② ③

 玦形玉圆牌（M51：25）

直径 4.4、厚 0.54、孔径 1.73 厘米

黄白色，局部显黄绿，夹较多黄褐色、灰褐色斑块。圆饼形，有一处玉料残缺，经打磨，通体打磨精细。孔壁斜直，打磨光滑。推测是从较高的柱形体上切割而来。玦口应为线切割而成。

 玦形玉圆牌（M51：26）

直径 5、厚 0.6、孔径 1.8 厘米

黄白色，局部显黄绿，夹较多黄褐色斑块。圆饼形。孔壁斜直，打磨光滑。推测是从较高的柱形体上切割而来。一面可见多道线切割痕迹。玦口为线切割而成。M51：22、26、27 应是同一块料。其余 4 件圆牌大小接近。

玦形玉圆牌（M51：27）

直径 4.94、厚 0.66、孔径 1.87 厘米

黄白色，夹较多灰褐色、黄褐色斑块。圆饼形，打磨较精细。孔内可见台痕，打磨光滑。一面可见一道近直的切割痕迹。玦口为线切割而成，痕迹明显。

官井头 M65
（女性）

◎　M65 开口于第 3 层下，打破第 4B 层。为长方形竖穴土坑墓，长 3.2 米，宽 1.1 米，深 0.3 米，方向 350°。人骨架不存。可辨葬具痕迹，棺长 2.3 米，宽 0.75 米。随葬品共 31 件，玉器有镯 1 件、璜 3 件、圆牌 3 件、玦形圆牌 3 件、双兽首璜 1 件、龙首纹环 1 件、条形饰 1 件、坠饰 2 件、圆管 3 颗、扁管 3 颗、隧孔珠 4 件，陶器为盆、罐、豆、过滤器、夹砂缸、甄各 1 件，其中甄为修复时发现。双兽首璜等一组玉器位于墓主颈部；半璧璜与圆牌、玦形圆牌组成串饰，外加一件龙首纹环，位于墓主胸腹部；玉镯位于墓主右手腕处。

▲ 官井头 M65 完工照

▲ 官井头 M65 细部

北

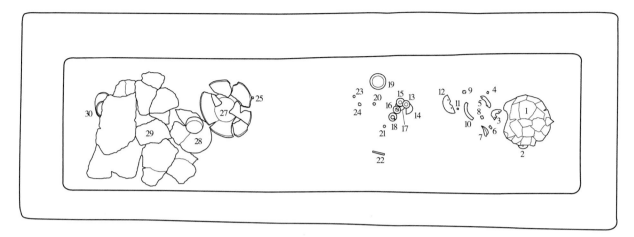

0   50 厘米

▲ 官井头 M65 平面图

1. 陶盆　2、15、16. 玉圆牌　3、5、12. 玉璜　4、8、11. 玉方形隧孔珠　6. 玉腰鼓管　7、14. 玉坠饰　9. 玉扁圆形隧孔珠　10. 双兽首玉璜　13、17、18. 玉玦形圆牌　19. 玉镯　20. 龙首纹玉环　21、26（在 27 下）. 玉管　22. 玉条形饰　23～25. 玉扁管　27. 陶豆　28. 陶罐　29. 陶缸　30. 陶过滤器

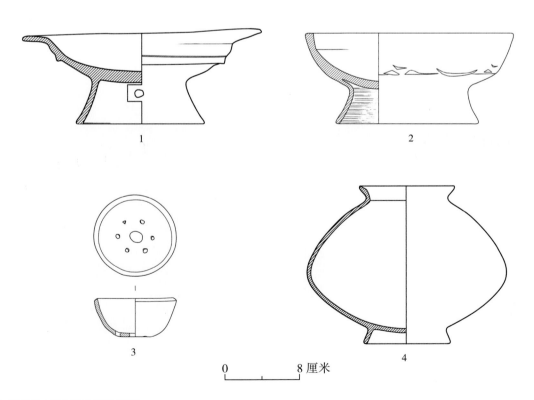

0   8 厘米

▲ 官井头 M65 出土器物线图

1. 陶盆（M65∶1）　2. 陶豆（M65∶27）　3. 陶甑（M65∶31，为修复时发现）　4. 陶罐（M65∶28）

❶

❷

❹

▲ 官井头 M65 出土陶器

❶ 陶盆（M65：1）

❷ 陶豆（M65：27）

❸ 陶圈足罐（M65：28）

❹ 陶甑（M65：31）

❸

 龙首纹玉环（官井头 M65：20）

直径 1.6、孔径 0.7、厚 0.55 厘米

黄白色。环形，体甚小。双面管钻孔，孔壁经打磨，可辨台痕。外缘以浅浮雕和阴线刻的方式琢刻出双角、双大眼和阔嘴，眼为双眼圈。

双兽首玉璜

（官井头 M65：10）

弦长 10.23、宽 1.27 ~ 1.7 厘米

条形，形制不甚规整，有多处玉料残缺，两端琢刻相同的兽首。顶端为两道横的直线刻划，似乎表示冠帽，其下以片切割的方式做出向上伸出的屈臂，屈臂靠下缘处刻两道短线，指向不明。其下以斜交叉的两道短线表示图案的底端。两端各有一处隧孔。刻划线的纹路均较宽，与之后良渚文化的细线刻形成鲜明的反差。两端面均可见一道线切割痕迹。

玉璜（官井头 M65：3）

高 3.59、宽 6.42、厚 0.52 厘米

黄白色，夹大量黄褐色斑块。半璧形，很不规整。顶部有管钻而成的圆形凹缺，台痕明显，两侧各有双面桯钻孔一个。无切割痕迹。

玉璜（官井头 M65：5）

高 2.53、宽 7.79、厚 0.43 厘米

黄白色，夹少量黄褐色絮斑。近桥形，形制不规整。顶部有弧形凹缺，两侧各有双面桯钻孔一个。一面可见一道线切割痕迹，另一面可见线切割凹痕。

玉璜（官井头 M65：12）

高 4.58、宽 10、厚 0.48 厘米

黄白色，夹较多浅青绿色斑点和少量青绿色斑块。半璧形，顶部有半圆形凹缺，甚圆，可能为管钻而成。两侧各有双面桯钻小孔一个。正面略弧凸，底面近平。两面均可见线切割凹痕。

玉镯（官井头 M65∶19）

高 1.86、直径 7.79、孔径 5.3 厘米

黄白色，略显白，夹少量红褐色斑块。环形，略呈筒状，器形不甚规整，有较多玉料残缺，高低不平，但经打磨。一面可见一道片切割痕迹，显示该片切割工具要长于镯径。另一面也可见一道片切割痕迹。侧面也可见多道竖的线切割痕迹，可能与玉镯取形有关，另可见一道横的线切割痕迹。内壁中部略弧凸，打磨精细，推测为管钻而成，外壁近直。上、下端面均不平。

① 玉圆牌（官井头 M65∶2）

直径 3.64、厚 0.48、孔径 1.27 厘米

黄白色，夹少量灰色斑点。圆饼形，孔壁
斜直，经打磨，推测是从较高的柱形体上

② 块形玉圆牌（官J

直径 4.54、厚 0.73、孔

黄白色，偏白，夹少量
形，孔壁弧凸，推测为

④   ⑤   ⑥

 玉圆牌（官井头 M65：16）

直径 4.1、厚 0.59、孔径 1.35 厘米

黄白色，夹较多黄褐色斑块。圆饼形，孔壁斜直，打磨光滑，推测是从较高的柱形体上切割而来。一面可见多余的管钻痕迹，另一面可见大量线切割痕迹。

⑤ **玦形玉圆牌**（官井头 M65：17）

直径 4.1、厚 0.59、孔径 1.35 厘米

黄白色，夹少量灰褐色斑块。圆饼形，孔壁斜直，打磨光滑，推测是从较高的柱形体上切割而来。玦口应为线切割而成，经打磨。两面均可见线切割痕迹。

⑥ **玦形玉圆牌**（官井头 M65：18）

直径 4.12 ～ 4.55、厚 0.33、孔径 1.89 厘米

黄白色，夹少量灰褐色斑块。圆饼形，外缘不甚圆，近椭圆形，孔壁及外缘均减薄。一面边缘处可见一道竖的短线痕，性质不明。玦口应为片切割而成，仅见此例。

官井头 M54
（女性）

◎　M54墓坑长2.35米，宽0.86米，深0.3米（残）。头朝北。随葬品58件，其中玉器53件。包括玉璜2件、镯1件、冠状器1件、玦形圆牌6件、柱形器1件、锥形器1件、隧孔珠2件、管36件、嵌饰3件，陶鼎2件、豆1件、罐2件。

▲ 官井头 M54 完工照

▲ 官井头 M54 出土陶器

❶ 陶豆（M54：54）

❷ 陶鼎（M54：55）

第二单元　早期良渚

玉冠状器（官井头 M54：20）

高 1.45、上端长 4.82、下端长 4.5、厚 0.38
厘米

黄白色，玉质佳。甚小。倒梯形，顶部做
出半圆形顶。侧缘略内凹。底端以片切割
做出扁凸榫，其上有三个双面桯钻小孔。
通体打磨精细。

玉镯（官井头 M54：40）

高 1.62～2.28、直径 7.78、孔径 5.16 厘米

黄白色，夹少量灰色斑块。环形，筒状，
整器打磨光滑，器形不甚规整，高低不平。
内、外壁近直，靠两面处略弧，推测为管
钻孔。有较多玉料凹缺，但经打磨光滑。

玉璜（官井头 M54：24）

高 3.66、宽 8.69、厚 0.6 厘米

黄白色，夹较多灰褐色絮斑。半璧形，通体打磨光滑。两面均弧凸。顶部有半圆形凹缺，两侧各有一个双面桯钻小孔。底缘直。

玉璜（官井头 M54：27）

高 4.26、宽 12.4、厚 0.67 厘米

黄白色，夹较多黄褐色斑点。体量甚大。半璧形，顶部以镂空和线镂的方式做出"介"字形顶和双螺旋，两侧各有一个双面桯钻小孔。两面均可见线切割凹痕和若干线痕（近直）。底缘亦有一道弧形线切割痕迹。

第二单元

早期良渚

❶

❷

❸

玦形玉圆牌一组

（官井头 M54：41～45、52）

均黄白色，夹少量灰褐色或黄褐色或青绿色
斑点。圆饼形，通体打磨精细。孔壁斜直，
经打磨，应是从一个更高的柱体上切割而来。
玦口均为线切割而成，玦口相对的一侧有一
个双面桯钻小孔。

❶ M54：41，直径 4.37、厚 0.51、孔径 1.37
厘米。夹少量灰褐色斑块。玦口线切割
痕迹明显。

❷ M54：42，直径 4.62、厚 0.43、孔径 1.34
厘米。夹少量灰褐色斑点。玦口线切割
痕迹明显。

④ ⑤ ⑥

---

❸ M54:43，直径 4.14、厚 0.4、孔径 1.62
厘米。夹大量黄褐色斑块。块口线切割
痕迹明显。

❹ M54:44，直径 4.14、厚 0.34、孔径 1.37
厘米。夹少量黄褐色斑点。孔壁近底部
可见台痕，块口线切割痕迹不甚明显。
两面均可见线切割痕迹。

❺ M54:45，直径 4.53、厚 0.48、孔径 1.37
厘米。夹少量青绿色斑点。块口线切割
痕迹明显。

❻ M54:52，直径 4.18、厚 0.34、孔径 1.55
厘米。夹少量青绿色斑点。块口线切割痕
迹不甚明显。一面可见一道线切割痕迹。

官井头 M75

（女性）

◎　M75 墓坑长 1.9 米，宽 0.85 米，残深 0.1 米。头朝北。随葬品 15 件，其中玉器 13 件。包括玉琮式管 1 件、镯 2 件、璜 1 件、锥形器 1 件、隧孔珠 1 件、管 7 件，陶盆、豆各 1 件。

▲ 官井头 M75 完工照

玉镯（官井头 M75：9）

高 1.55、直径 9.2、孔径 5.9 厘米

黄白色，显白，夹较多灰褐色筋斑。体型较厚重，器形规整。宽扁环形，内、外壁近直。一端面可见线切割痕迹。

玉镯（官井头 M75：10）

高 2.08 ～ 2.77、直径 9.8、孔径 6.16 厘米

黄白色，显白，因沁蚀无玻璃光泽。体型厚重，器形较规整，高低略有不平。宽扁环形，内壁近直，外壁弧凸。

⬤

玉璜（官井头 M75：11）

高 4.56、宽 11.73、厚 0.43、凹缺直径 3.28、
孔径 0.32 厘米

黄白色，局部沁蚀，以石膏修补。半璧形，
甚薄。正面弧凸，背面近平。顶面中部有
一半圆形凹缺，为双面管钻而成，经打磨，
台痕明显，可辨旋痕一处。两侧各有一小
的圆形钻孔，孔内有土，形态不甚清楚。
底面依稀可辨线切割凹痕和一两道线迹。

玉琮式管（官井头 M75：14）

宽 1.84 ~ 1.88、高 0.94、孔径 1.34 厘米

黄白色，夹少量深绿色斑点。弧边方柱体，上大下小不明显。未做出射面。未做出凸面，弦纹带略凸起，其上或以片切割做出一至两道凹弦纹。以两道片切割痕迹表示直槽，未减地，少部分痕迹被磨平。凹弦纹下减地，未表示神人眼部。在部分转角靠底部有一道横向凹槽，似表示鼻部。总体纹饰甚为简化和不规范。

官井头 M87
（女性）

◎ M87 墓坑长 2.5 米，宽 0.8 米，残深 0.35 米。头朝北。随葬品 30 件，其中玉器 25 件。包括玉镯 1 件、璜 3 件、圆牌饰 1 件、锥形器 1 件、隧孔珠 2 件、管 16 件、残片 1 件、陶鼎 2 件、豆 1 件、罐 1 件、澄滤器 1 件。

▲ 官井头 M87 完工照

▲ 陶豆（官井头 M87：25）

玉璜（官井头 M87：8）

高 3.75、宽 9.04、厚 0.51、凹缺直径 1.65、
孔径 0.4 厘米

黄白色，显白。半璧形。正面弧凸，背面
近平，背面可见两道线切割痕迹。顶面中
部有一半圆形凹缺，甚圆弧，推测为双面
管钻而成，经打磨，但又可见一道疑似线
切割痕迹。两侧各有双面桯钻小孔一个，
经打磨。

🔴

玉璜（官井头 M87：11）

高 3.47、宽 11、厚 0.11 ～ 0.73 厘米

黄白色，局部显灰绿色。桥形，很不规整。
正面弧凸，背面内凹，可见多道线切割痕
迹。顶面中部有不规则的宽弧形凹缺，可
辨多道片切割痕迹。两侧各有一个小的双
面桯钻孔。

玉璜（官井头 M87：13）

高 3.23、宽 8.84、厚 0.39、凹缺直径 1.87、
孔径 0.2 厘米

黄白色，夹杂少量绿色斑点和较多灰褐色
斑块，局部可透光。半璧形。两面均中部
略厚，向圆弧处减薄。顶面中部有一半圆
形凹缺，甚圆，孔壁斜直，推测为单面管
钻而成，经打磨。两侧各有一个双面桯钻
小孔。一面可辨三道片切割痕迹。

玉镯（官井头 M87：19）

直径 9.88、孔径 6.1、厚 1 厘米

黄白色，显白，局部夹杂较多黄褐色斑块。宽扁环形，器形不规整。内、外壁均略弧凸。一面可见线切割凹痕和三道近直的切割痕迹。

玉圆牌（官井头 M87：14）

直径 3.73、孔径 1.35、厚 0.4 厘米

宽扁环形，正面打磨光滑，背面可见片切割痕迹。孔壁斜直，依稀可辨管钻旋痕。应是从更厚的圆牌上切割而来。

官井头 M79
（女性）

◎ M79 墓坑长 2.45 米，宽 1 米，深 0.28 米（残）。头朝北。随葬品 37 件，其中玉器 30 件。包括玉镯 1 件、璜 4 件、圆牌 7 件、玦形圆牌 1 件、柱形器盖 1 件、隧孔珠 2 件、锥形器 1 件、管 13 件，陶鼎、甗、豆、罐、杯、盆、过滤器各 1 件。

▲ 官井头 M79 完工照

▲ 官井头 M79 出土陶器
❶ 陶过滤器（M79：29）
❷ 陶甄鼎（M79：34）

第二单元　早期良渚

玉璜（官井头 M79：12）

高 5.55、残宽 11、厚 0.54、孔径 0.31 厘米

黄白色，夹少量浅灰色絮斑。半璧形。中部厚，向弧边减薄。顶面平直，隐约可见片切割痕迹，中部有一半圆形孔，孔壁略经打磨，孔两侧可见竖直的片切割痕迹，孔内可见线切割凹痕，显示出比较特殊的制作工艺。两侧各有一个双面桯钻小孔。正面略弧凸，背面近平。正面可见多道短的线切割痕迹，背面可见一道线切割凹痕。

玉镯（官井头 M79：23）

高 2.1、直径 7.96、孔径 5.55 厘米

黄白色，显白，夹少量灰绿色斑点。扁环形，略显厚重，器形较规整，有少量玉料残缺，但经打磨。内壁近直，外壁弧凸。

玦形玉圆牌（官井头 M79：15）

直径 4.5、厚 0.69、孔径 1.7、缺口宽 0.11 厘米

黄白色，偏白，夹少量灰色斑点。圆饼形，顶部靠边缘处略弧。孔壁近直，打磨较光滑，靠近底面处可见台痕。边缘有六道短斜线，性质不明。无疑是从更高的柱形体上切割而来。不见切割痕迹。缺口应为片切割而成，但以磨棒打磨过，缺口面可见多道与圆牌垂直的凹槽。缺口对应另一侧有一双面桯钻孔，可知该钻孔是切割成圆牌后钻的。

玉圆牌（官井头 M79：16）

直径 4.12、厚 0.38、孔径 1 厘米

———

黄白色，偏黄，夹较多黄褐色絮斑。圆饼
形，厚薄较均。孔壁近直，打磨较光滑，
依稀可辨旋痕。外壁略斜。两面均可见一
道线切割痕迹。无疑是从更高的柱形体上
切割而来。一侧有双面桯钻小孔一个。

玉圆牌（官井头 M79：20）

直径 4.12、厚 0.38、孔径 1 厘米

———

黄白色，偏白，夹少量黄褐色絮斑。圆饼形，
厚薄不均。孔壁近直，打磨光滑。两面均
可见多道线切割痕迹，一面外缘可见一处
疑似管钻台痕。无疑是从更高的柱形体上
切割而来。一侧有双面桯钻小孔一个。

玉圆牌（官井头 M79：21）

直径 4.61、厚 0.6、孔径 1.5 厘米

黄白色，偏白，夹少量黄褐色絮斑。圆饼形，器形规整，打磨较光滑。孔壁近直，打磨较光滑。两面均可见一道线切割痕迹。无疑是从更高的柱形体上切割而来。一侧有双面桯钻小孔一个。

玉圆牌（官井头 M79：22）

直径 4.16、厚 0.39、孔径 1 厘米

与 M79：20 材质、大小接近。黄白色，偏白，夹少量黄褐色絮斑。圆饼形，厚薄不均。孔壁近直，打磨光滑。两面均可见多道线切割痕迹。无疑是从更高的柱形体上切割而来。一侧有双面桯钻小孔一个。

官井头M92

（推测为女性）

◎ M92墓坑长3.35米，宽1.2米，深0.18米（残）。头朝北。随葬品49件，其中玉器43件。包括分体式镯式琮（编为3个号计3件）、璜2件、镯1件、圆牌饰1件、锥饰3件、隧孔珠1件、管31件、珠1件，石钺2件，陶鼎、豆、罐、缸各1件。

▲ 官井头 M92 完工照

▲ 官井头 M92 出土陶器

❶ 陶豆（M92:46）

❷ 陶鼎（M92:47）

分体式镯式玉琮

（官井头 M92：1 ～ 3）

拼接后直径 8、内径 7.3、高 0.74 厘米

是从一件筒形镯式琮上切割而来，分成三块，每块两端均有双面桯钻小孔。略呈筒形，外侧有四个凸块，每个凸块上可见兽面纹的上半部分，下半部分已被切割。兽面纹由双大眼和眼梁组成，大眼为双圈，均管钻而成，部分外圈管钻后以线刻加深纹路，大眼斜上侧刻有眼角。眼梁由两根向上外撇的短弧线和其内的三至四根横弧线组成。内侧可见竖向线切割痕迹，可见琮体原先较厚。

玉镯（官井头 M92：29）

高 1.34、直径 8.8、孔径 5.79 厘米

黄白色，夹少量灰绿色斑块，玻璃光泽明
显。宽扁环形，器形不甚规整，一面有两
处玉料残缺，但经打磨，高低不甚平。内
壁近直，打磨光滑，靠边缘处略弧，推测
为管钻孔。外壁近直，上、下端面平。

官井头 M37
（女性）

◎　M37 墓坑长 1.2 米，宽 1 米，深 0.15 米（残）。头朝北。随葬品 13 件，均为玉器。包括玉琮、锥形饰各 1 件及璜 3 件、管 6 件、隧孔珠 2 件。根据随葬品推测墓主为女性。

▲ 官井头 M37 完工照

玉琮（官井头 M37：12）

高 1.5 ～ 2.96、上射径 6.22 ～ 6.3、下射径 6.45 ～ 6.37、孔径 4.6 厘米、外眼圈径 0.58、内眼圈径 0.32 厘米、鼻长 1.7、宽 0.42 厘米

黄白色，显黄，内部已粉化，夹少量灰黑色斑点，不透光。体形甚小。弧边方柱体，上略小下略大，罕见。器形不甚规整，高低不平，器底有明显的玉料残缺，经打磨。双面管钻孔，孔壁经精细打磨，中部略弧凸，可辨一道台痕线。有四个凸面，凸面夹角略大于 90°，每个凸面以转角线为中

轴，琢刻相同的简化神人纹，相邻凸块之间以片切割竖向直槽相隔。整器仅一节，由两组弦纹和简化神人纹组成。神人纹上部的两组凹弦纹由片切割而成的 3 ～ 4 道凹弦纹组成，弦纹带未凸起，纹路较粗而明显。双圈眼，均有眼角。外圈有三种形式，一种为管钻的圆形，共四个，部分管钻外圈也会添加少量刻纹；一种为刻划的圆形，仅一个；第三种略呈斜"臣"字形，共三个。内圈除两处管钻外，余均为刻划而成。从眼部的琢刻可知该玉琮制作比较随意。扁横凸鼻，鼻内刻有单螺旋鼻翼，部分鼻

翼刻划水平较高。顶面可见一处直线状切
割痕迹，应为片切割痕迹。在其中一面凸
鼻下还刻有一对简化獠牙，另一面可见
一个简化獠牙。眼部以下、凸鼻一侧均有
阴线刻纹，每面刻纹形式都不一致，共四
种。第一种为长弧线，与眼圈下弧部相配
合，该面因玉料残缺较矮，故仅琢刻简易
纹饰；第二种为一侧呈双线三角形，另一
侧为双线交叉形，该侧描绘有一处獠牙；
第三种一侧主体为双线螺旋形，另一侧在
主体的双线螺旋形上又有双折线；第四种
主体为双线交叉纹，该面描绘有双獠牙。

玉璜（官井头 M37：4）

直径 5.15、厚 0.75、孔径 2、缺口最宽 0.33
厘米

器形甚小。半璧形，顶部有半圆形凹缺。孔壁斜直，推测先做出高柱体再行切割，经打磨，旋痕不明显。两侧各有一个双面桯钻小孔。器底缘斜直，推测为钻芯制作而成。器身两面均可见多处片切割痕迹，一面近钻孔处可见未透的疑似管钻痕迹。

玉璜（官井头 M37：8）

长 6.9、宽 1.3、厚 0.46 ~ 0.72 厘米

透闪石带阳起石，青绿色，夹杂大量灰白色斑块，一面颜色略浅。透光性非常好，玉质莹润。改制器。条形，外缘弧凸，可见台痕，推测管钻形成。内缘为片切割而成，可见大量痕迹，不规整。两端各有一个双面桯钻小孔，孔壁经打磨。

玉璜（官井头 M37：10）

高 6.18、宽 13.52、厚 0.93、孔径 0.5 厘米

浅青绿色，略显黄白，夹杂较多墨绿色斑
块。半璧形。顶面平直，可见片切割痕迹，
中部有一半圆形孔，推测为管钻形成，孔
壁经打磨，两侧各有一个双面桯钻小孔。
中部厚，向弧边减薄。弧边底面也可见一
道片切割痕迹。正面略弧凸，背面近平，
背面可见一道线切割痕迹。

官井头
M21、M5、M47
（男性）

◎　官井头良渚文化早期偏早的墓葬中，比较明确的男性墓仅有 M5、M21、M47、M50、M55、M81 等零星数座，除 M21 之外随葬品均不超过 10 件，无论墓葬本身的数量，还是随葬品的数量、种类，均远远少于女性墓。

◎　M21 开口于第 4A 层下，打破第 4B 层。为长方形竖穴土坑墓，长 2.5 米，宽 0.9 米，残深 0.12 米，方向 355°。人骨架、葬具不存，根据随葬品可知头朝北。随葬品共 28 件，以玉器为主，共 23 件，分别为冠状器 1 件、镯 1 件、柱端饰 1 件、兽面牌饰 1 件、锥形器 6 件、长管 1 件、管 11 颗、珠 2 粒，石器仅钺 1 件，陶器为鼎、罐、豆、盆各 1 件。玉兽面牌饰紧贴玉冠状器，和 5 件成组的玉锥形器一起位于墓主头部，玉镯位于墓主左手侧。

◎　M5 墓坑长 2.22 米，宽 0.66 米，深 0.11 米（残）。头朝北。随葬品 10 件，其中玉器 7 件。包括玉冠状器 1 件、锥形器 4 件、管 2 件，石钺 1 件，陶豆、罐各 1 件。

◎　M47 墓坑长 2.32 米，宽 0.7 米，深 0.1 米（残）。头朝北。随葬品 9 件，其中玉器 4 件。包括玉龙首环 1 件、管 2 件、隧孔珠 1 件，石钺 1 件，陶鼎、豆、罐、杯各 1 件。

▲ 官井头 M21 完工照

▲ 官井头 M21 细部

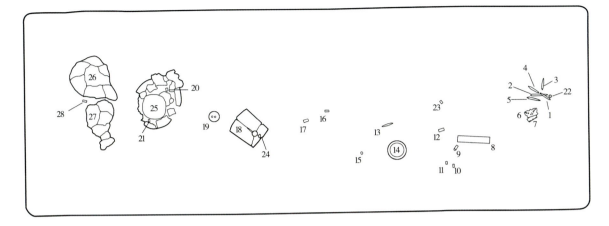

北

0 ——— 50 厘米

▲ 官井头 M21 平面图

1～5、13. 玉锥形饰 6. 玉兽面牌饰 7. 玉梳背 8～12、16、17、20、21、23、24（在 18 下）、28. 玉管 14. 玉镯 15、22. 玉珠
18. 石钺 19. 玉柱端饰 25. 陶豆 26. 陶罐 27. 陶鼎

玉兽面牌饰（官井头 M21:6）

高 2.88、顶宽 4.87、底宽 4.06、厚 0.33、
孔径 0.58 厘米

黄白色，夹黄褐色斑点，玉质上佳。近倒
梯形，正面略弧凸，底面近平略内凹。顶
面中部减地做出"介"字形尖凸，双大眼，
孔壁斜，应为单面管钻，眼斜上方和斜下
方各有弧边三角形镂孔，嘴部先单面管钻
一孔后再线镂形成嘴裂。左、右斜侧缘各
做出一个凹缺表示脸颊。整器打磨精细，
底面可辨两道不明显的线切割痕迹。

玉冠状器（官井头 M21∶7）

高 2、顶长 4.24、底长 4、厚 0.36 厘米

甚小。黄白色，夹少量黄褐色斑块。倒梯形，
顶部做出半圆形顶。侧边斜直。底端以片
切割做出扁凸榫，其上有三个双面桯钻孔。

玉镯（官井头 M21：14）

直径 8.13、内径 5.95、高 1.67 厘米

浅青绿色，局部显浅褐色，夹杂少量黑色斑点和黄褐色斑块。环形，矮筒状，内、外壁近直，两端面近平。形制较规整。一端面可见一道片切割痕迹。

玉长管（官井头 M21：8）

长 10.25、直径 1.9～2.1、孔径 0.8～1 厘米

乳白色，显浅青绿色，带灰褐斑。长圆柱形，粗大。双面钻孔，孔壁经打磨，孔不甚圆。

玉冠状器（官井头 M5：1）

高 2.9、顶长 6、厚 0.33 厘米

黄白色，显黄。倒梯形。顶部做出半圆形顶，
两侧另加有两道凹缺，较为特殊，半圆形
顶两侧各有一个双面桯钻小孔。侧边略内
凹。底端以片切割做出扁凸榫，其上应有
三个双面桯钻小孔，其中一个已残缺。

 龙首纹玉环（官井头 M47：9）

直径 1.4、孔径 0.4、厚 0.6 厘米

青色，透光。环形，体形甚小。双面管钻孔，孔壁经打磨，可辨台痕和旋痕。外缘以浅浮雕和阴线刻的方式琢刻出双角、双大眼和阔嘴，眼为双眼圈。

2.2

低等级贵族墓葬

此一时期的低等级贵族墓葬，可以吴家埠M8，梅家里M10，梅园里M8、M9和M11，后头山M9和M18为例。

吴家埠 M8

◎ 吴家埠遗址位于良渚遗址群西端，是一处自然山丘，属天目山余脉。1977 年浙江省煤田地质大队在吴家埠山顶建房时，曾出土一批玉璧、玉饰件和石钺等。1981 年初，北湖公社建材厂在西南坡大规模动土建窑，又发现玉璧、玉琮、石钺和陶器等。浙江省文物考古研究所遂于 1981 年 3 月 11 日至 6 月 26 日对其进行了试掘和第一次发掘，同年 10 月 4 日至 12 月 5 日进行了第二次发掘。试掘、第一次发掘和第二次发掘分别揭露面积 115 平方米、600 平方米和 507 平方米，共计揭露面积 1222 平方米，确认遗址面积约 2 万平方米，但破坏严重。发掘共清理墓葬 28 座、灰坑 20 座、建筑遗址 1 座，分属于马家浜文化、崧泽文化和良渚文化。28 座墓葬中，8 座属马家浜文化时期，20 座属崧泽至良渚时期，明确可归入良渚时期的墓葬 3 座（有 16 座墓葬发表陶器，另 M13 有文字介绍，可知 M8、M13、M15 三座属良渚时期，14 座属崧泽时期，从文字描述和出土玉器可知 M8 属良渚早期偏早阶段，M13 属良渚晚期）。

◎ 报告中将 M8 归入第二期，属良渚文化早期。从随葬品及其位置推断，头向 190°。为长方形竖穴土坑墓，长 2.27 米，宽 0.70～0.90 米，深 0.10 米。随葬品较为丰富，有 6 件陶器、45 件玉器和 1 件陶纺轮。头骨部位倒盖 1 件泥质黑皮陶盘，头部出土玉冠状器，颈部有一串由管、珠等 30 件玉器组成的串饰，胸腹部有玉璜 1 件、圆牌 3 件、隧孔珠 3 件，脚部有小玉珠 8 件和陶鼎 2 件，以及陶豆、壶、罐、纺轮各 1 件。

资料来源：

浙江省文物考古研究所：《余杭吴家埠新石器时代遗址》，《浙江省文物考古研究所学刊》，科学出版社，1993 年。

吴家埠 M8

北

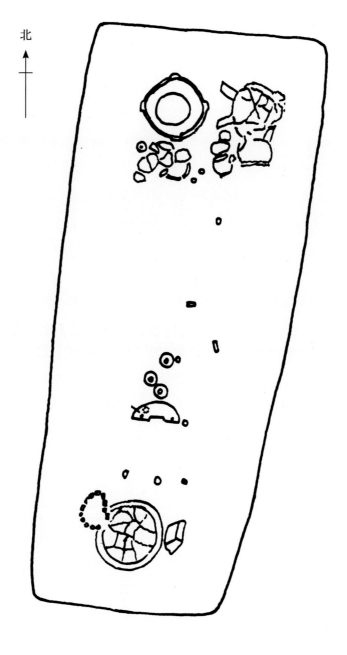

0　　　　　　　　　　50 厘米

▲ 吴家埠 M8 平面图

（图引自浙江省文物考古研究所编：《余杭吴家埠新石器时代遗址》，《浙江省文物考古研究所学刊》，科学出版社，1993 年）

玉璜（吴家埠 M8：7）

高 6.11、宽 13.44、厚 0.41 厘米

浅青绿色，夹杂较多深青绿色、红褐色、灰白色斑块。半璧形。面近平，侧缘略减薄，侧缘圆钝。顶部可见双面片切割痕迹，中有弧形凹缺，打磨精细，两侧各有一个双面桯钻小孔。器身打磨精细，制作规整。

玉圆牌（吴家埠 M8∶8）

直径 4.55、厚 0.6、孔径 1.65 厘米

浅黄绿色，夹杂较多浅青绿色、红褐色、灰白色斑块。圆饼形，厚薄较均。孔壁斜直，经打磨，但可辨旋痕。器外缘斜直，推测为钻芯制作而成。一面可见多道线切割痕迹，为双向切割。

玉圆牌（吴家埠 M8∶9）

直径 5.07、厚 0.43、孔径 1.53 厘米

浅青绿色，夹杂较多黄褐色、灰褐色、灰白色斑块。圆饼形，厚薄较均。双面管钻孔，台痕明显，经打磨，但可辨旋痕。器外缘较直，可辨管钻旋痕，为钻芯制作而成。两面均可见多道线切割痕迹，均为双向切割。

玉圆牌（吴家埠 M8：10）

直径 4.55、厚 0.6、孔径 1.65 厘米

浅黄绿色，夹较多浅青绿色、红褐色、灰白色斑块。圆饼形，厚薄较均。孔壁斜直，经打磨，但可辨旋痕。器外缘斜直，推测为钻芯制作而成。一面可见多道线切割痕迹，为双向切割。

玉柱形器（吴家埠 M8：2）

直径 3.18、高 2、孔径 0.58 厘米

黄白色，显青绿。圆柱形。双面钻孔，孔经打磨和扩孔，无法判断是管钻还是桯钻。

梅家里 M10

◎　为配合苕溪大堤裁弯取直工程，浙江省文物考古研究所、杭州良渚遗址管理所于 2008 年下半年进行了考古调查和钻探，新发现了梅家里遗址，据悉该地曾有玉璧等遗物出土。遂报国家文物局批准，于 2009 年 4 月至 5 月对其进行了抢救性清理。布方面积约 900 平方米，清理良渚文化墓葬 33 座，发现良渚文化建筑台基 1 处，并清理历史时期馒头形砖窑 4 处、宋代土坑墓 1 座、宋代水井 1 座。发掘表明，遗址所在原为一略呈南北向的独立小自然山体，山体的南坡在良渚早期偏早阶段修整成为建筑台基。

◎　现存台基建在紫红色含砂性的生土面上，东西宽度约 20 米，南部已被晚期冲毁，台基范围内没有墓葬分布。台基西侧曾堆筑黄土，营建过一个规模较小的墓葬区，其上发现良渚早期小型墓葬 6 座。台基东侧亦曾堆土扩建为一处规模较大的墓地，其余墓葬皆发现于此区域。东区墓葬规格高低不一，其中 M10 为良渚早期偏早阶段规格较高的墓葬。

◎　M10 头朝北，共有随葬品 25 件，其中玉器 18 件。包括玉璜 2 件、玦 1 件、镯 1 件、坠 1 件、隧孔珠 2 件、管 8 件、珠 3 件、陶鼎 2 件、豆 2 件、罐 1 件、盆 1 件、缸 1 件。

▲ 梅家里 M10 出土陶器组合

◀ 梅家里 M10 完工照

◀ 梅家里 M10 细部

❶

❷

❸

▲ 梅家里 M10 出土陶器

❶ 陶豆（M10:18）

❷ 陶鼎（M10:21）

❸ 陶豆（M10:16）

龙首纹玉璜（梅家里 M10：4）

高 2.33、宽 8.23、厚 0.79 厘米

黄白色，偏黄。条形，截面呈方形。器形
不甚规整。内壁可见两道横向切割痕迹。
外壁琢刻四个龙首纹。两端各有一个双面
桯钻小孔。

玉璜（梅家里 M10：14）

高 3.25、宽 6.21、厚 0.35 厘米

黄白色，偏黄。半璧形。顶部平直，中部有一圆弧形凹缺，两侧各有一双面桯钻小孔。一面近平直，一面略弧凸。中部较厚，外缘减薄。

玉镯（梅家里 M10：15）

高 1.55、直径 8.91、孔径 5.5 厘米

浅青绿色，局部显黄白色。宽环形，较厚重。内壁略弧凸，可见大量打磨痕迹。外壁直，上、下端面平整。

玉玦（梅家里 M10：13）

直径 2.6、孔径 0.95、厚 0.55 厘米

黄白色，偏黄。呈不规则圆环形，孔壁斜，为桯钻而成。以线切割的方式做出缺口，从痕迹来看是从内侧向外侧切割。器身可见两个双面桯钻小孔。

梅园里
M8、M9、M11

◎ 梅园里遗址位于余杭区良渚街道安溪村。1992～1993年浙江省文物考古研究所对遗址进行了抢救性发掘，发掘面积约1200平方米，发现了马家浜文化时期和良渚文化时期的地层堆积，清理马家浜文化墓葬3座、良渚文化墓葬23座。

▲ 梅园里 M9 出土陶器组合

▲ 陶豆（梅园里 M8：17）

第二单元 　 早期良渚

龙首纹玉环（梅园里 M8：23）

直径 1.72 ～ 1.9、孔径 0.58、厚 0.76 厘米

黄白色，偏黄，夹杂较多灰褐色斑块。圆环形。双面管钻孔，孔壁略弧凸，经打磨。圆环外侧以浅浮雕琢刻出双角、圆眼、扁横凸嘴，以线刻双大眼圈。

玉镯（梅园里 M8：11）

直径 9.5、高 1.16、孔径 5.57 厘米

浅青绿色，局部显黄白色，夹较多黄褐色和灰白色斑块。宽环形，上、下端面不甚平，厚薄不均，侧缘直，内壁斜直。侧缘可见切割和打磨形成的凹面。

鸟形玉坠饰（梅园里 M8：22）

长 7.78、高 3.83、厚 0.46 厘米

黄白色，偏黄，局部呈黄褐色，夹杂灰白色和浅灰色斑块。总体呈月牙形，顶端做出半圆形凸起表示鸟头，头部正中有一个双面桯钻小孔。顶面弧凸。底面近平，可见线切割痕迹。

第二单元　早期良渚

❶

▲ 梅园里 M9 出土陶器
❶ 陶圈足盘（M9：2）
❷ 陶过滤器（M9：14）
❸ 陶豆（M9：20）
❹ 陶甗鼎（M9：21）
❺ 夹砂陶大口缸（M9：23）
❻ 陶鼎（M9：24）
❼ 陶圈足罐（M9：25）

❷

❸

❹

❺

❻

❼

第二单元　早期良渚

玉璜（梅园里 M9：5）

高 2、宽 6.14、厚 0.49 厘米

黄白色，偏白，局部保留青绿色。为玉镯改制而成。内壁斜直，可见大量打磨痕迹。外缘减薄。一面平整，一面弧凸，平整面可见线切割痕迹。两端各有一双面桯钻小孔，中部有一单面管钻大孔。

玉璜（梅园里 M9：9）

高 3.5、宽 11.2、厚 0.52 厘米

黄白色，偏黄，夹杂少量绿灰色斑块和褐色斑块。半璧形。顶部平，顶部中间做出近半圆形凹缺，左、右各有一个双面桯钻孔。中部略厚，向外缘减薄。底部圆弧。一面可见一道短的切割痕迹。

▲ M9：15　　　　　　　　　▲ M9：16

玉圆牌（梅园里 M9：15、16）

直径 4.64、孔径 1.6、厚 0.82 厘米

断为两块后钻两对小孔补缀。黄白色，夹
少量青绿色斑块。宽扁圆环形，较厚。双
面管钻孔，孔壁经打磨，可见台痕。侧缘直。
一面可见线切割形成的凹痕，亦经打磨。

玉玦（梅园里 M9：17）

直径 4.85、孔径 2.65、厚 0.9 厘米

环形，双面管钻成孔，台痕明显，外缘弧凸，上、下端面平。以片切割的方式做出缺口，其上可见弧形线切割痕迹，从痕迹可知是从上往下切割而成。整器打磨光滑。

玉坠饰（梅园里 M9：10）

高 1.39、宽 2.77、孔径 0.84、厚 0.62 厘米

浅湖绿色，夹杂大量灰白色斑块，质地莹润。为小玉环改制而成。孔壁略弧凸。顶面断裂处可见片切割痕迹，两端各从外侧向内侧切割出一道供系挂的凹槽。

▲ 梅园里 M11 出土陶器组合

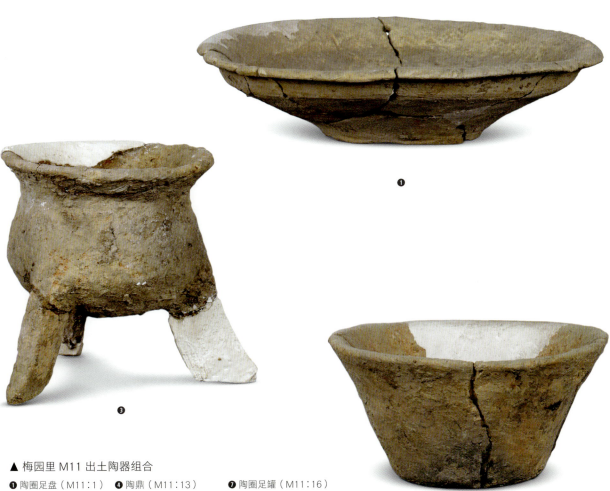

❸

▲ 梅园里 M11 出土陶器组合

❶ 陶圈足盘（M11:1）　　❹ 陶鼎（M11:13）　　❼ 陶圈足罐（M11:16）

❷ 陶甑（M11:11）　　　❺ 陶鼎（M11:14）　　❽ 陶豆（M11:17）

❸ 陶鼎（M11:12）　　　❻ 陶过滤器（M11:15）　❾ 陶圈足杯（M11:18）

❶

❷

④

⑤

⑥

❼

❽

❾

 玉镯（梅园里 M11：9）

直径 8.3、孔径 6.1、高 1 厘米

灰白色，偏白，夹较多黄褐色和墨绿色斑
块。环形，上、下端面平，侧缘直，内壁
斜直。一端面可见线切割痕迹，可见该器
是先钻孔后裁切。

 玉璜（梅园里 M11：3）

高 5.9、宽 14.1、厚 0.46 厘米

黄白色，偏黄，局部显浅青绿色，夹杂较
多灰白色斑块。半璧形。顶部平，顶部中
间做出近半圆形凹缺，左、右各有双面桯
钻小孔一个。中部略厚，向外缘减薄。底
部圆弧。一面可见线切割痕迹。

玉璜（梅园里 M11∶5）

高 2、宽 6.17、厚 0.53 厘米

浅青绿色，局部显黄白色，夹杂较多黄褐色斑块。由玉镯改制。条形，左、右两端各有一个双面桯钻小孔。一端面有线切割痕迹。外缘弧凸，内缘可见台痕。

玉璜（梅园里 M11∶7）

高 5.9、宽 14.1、厚 0.46 厘米

黄白色，偏黄，局部显浅青绿色，夹杂较多灰白色斑块。半璧形，体形较大。顶部平，顶部中间做出近半圆形凹缺，左、右各有双面桯钻小孔一个。中部略厚，向外缘减薄。底部圆弧。一面可见线切割痕迹。

 玉圆牌（梅园里 M11：6）

直径 4.69、孔径 0.42、厚 0.56 厘米

略残。圆饼形，外缘斜直。中部有一桯钻
小孔，该孔附近靠近断面处还有另一处桯
钻小孔。两面均可见线切割痕迹。

 玉圆牌（梅园里 M11：8）

直径 3.66、孔径 1.5、厚 0.5 厘米

黄白色，夹少量青绿色斑块。宽扁圆环形，
孔壁斜直。侧缘直，局部可见台痕，可见
该器物是用钻芯制作而成，先钻孔再裁切。
两面均可见线切割痕迹。

后头山
M9、M18

◎ 后头山遗址位于杭州市临平区星桥街道南星村。遗址处于一片以海拔93.1米的横山及其余脉构成的小山地的西北部，山间水田海拔多在4米左右。2004年6月发掘三亩里时调查发现该遗址，同年9月至12月浙江省文物考古研究所和余杭区文物管理委员会联合对该遗址进行抢救性考古发掘，揭露面积700平方米，发掘了一处崧泽至良渚文化时期墓地，共清理墓葬21座，另发掘灰坑4座，出土各类器物近250件/组。

◎ 墓地营建于自然山坡的近坡脚处，南北长约50米，东西宽约15～25米。21座墓葬均为竖穴土坑墓，墓向南略偏东，骨架均已朽，M18发现木质葬具痕迹。其中4座属崧泽文化晚期，17座属良渚文化时期。

◎ M9长2.31米，宽0.78米，深0.36米。墓向175°。随葬品共25件/组，其中玉器20件/组，包括冠状器1件、5件成组的锥形器、串饰3组（以单件计每组分别为19件、46件和74件）。

◎ M18长2.70米，宽1.09米，深0.40米。墓向168°。发现木棺痕迹，棺长2.56米，宽0.90～0.95米，高0.40米。随葬品21件，其中玉器17件，包括龙首纹环1件、璜3件、镯1件、玦2件、圆牌1件、指环1件、锥形器1件。

资料来源：

浙江省文物考古研究所、浙江杭州市余杭区文管会：《浙江余杭星桥后头山良渚文化墓地发掘简报》，《南方文物》2008年第3期。

▲ 后头山 M9 完工照

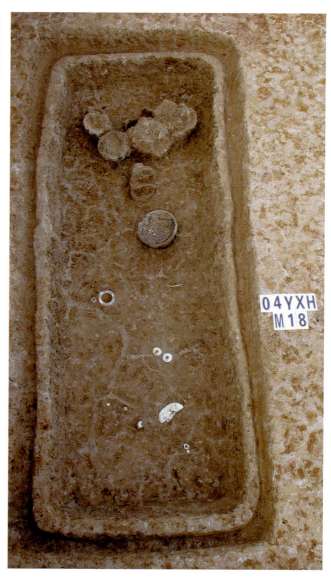

▲ 后头山 M18 完工照

玉冠状器（后头山 M9：8）

高 2.01、宽 2.3、厚 0.22、孔径 0.26 厘米

红褐色，叶蜡石质。形体甚小。呈扁平方形。顶端减地，中部呈半圆形。无榫，近底部有两个小孔，孔壁近直。打磨较光滑，局部可见打磨线痕。

▲ 后头山 M9 出土玉器组合

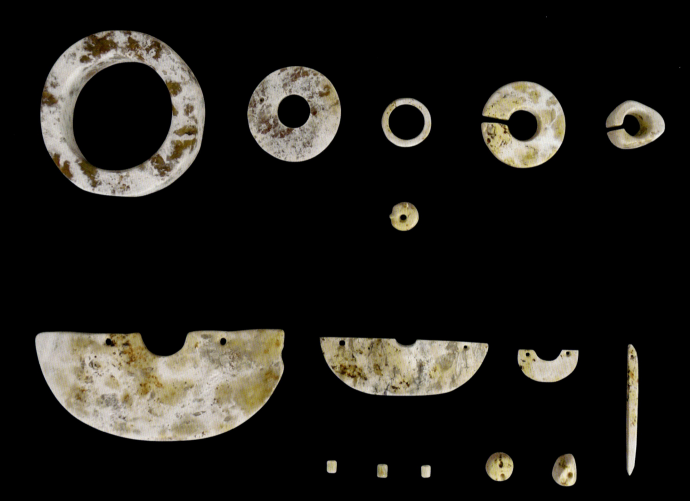

▲ 后头山 M18 出土玉器组合

龙首纹玉环（后头山 M18：1）

直径 1.4、厚 0.6 厘米

白色，夹褐斑。出土时位于墓主头右侧。圆形，中部有一对钻孔。侧缘用浅浮雕的方法凸雕出一突吻、大眼、翘角的龙首形象，整器又似一条身体蜷曲的龙。

玉璜（后头山 M18：3）

高 2.77、宽 8.12、厚 0.44、孔径 0.33 厘米

黄白色，夹较多浅青绿色、墨绿色、黄褐色、灰白色斑块。半璧形。顶面平直，可见一道双面片切割痕迹，中部有弧形凹缺，打磨光滑，从形状推测为管钻形成。两边各有一个桯钻小孔。底为半弧形，底缘较薄。顶部略厚，向底缘减薄。

 玉璜（后头山 M18：4）

高 5.23、宽 12.82、厚 0.5、孔径 0.55 厘米

黄白色，夹较多灰褐色斑块。形体较大，半璧形。顶面平直，中部有弧形凹缺，打磨光滑，从形状推测为管钻形成。两边各有一个桯钻孔，不规整。底为半弧形，底缘薄而圆钝。两面略平，中部略厚，向底缘减薄。两面均可见线切割形成的凹痕，但经打磨。

 玉璜（后头山 M18：5）

高 1.64、宽 3.04、厚 0.25、孔径 0.26 厘米

半环形。顶面平直，中部为半圆形凹缺，管钻而成，孔壁斜直（是从更厚的圆牌钻孔后裁切而来），可见明显旋痕。凹缺两侧各有一个桯钻小孔。

玉圆牌（后头山 M18：8）

直径 4.62、厚 0.37、孔径 1.6 厘米

淡青绿色，夹杂大量灰白色、黄褐色、红褐色斑块。圆饼状，两面近平，孔壁斜直，侧缘直。该圆牌是从更厚的圆牌钻孔后裁切而来。另有一处双面桯钻小孔。

玉指环（后头山 M18：10）

直径 2.38、孔径 1.8、厚 0.32 厘米

黄白色，夹杂少量黄褐色斑块。小型环状，上、下端面平，外缘弧凸，打磨不甚精细。孔壁斜直，依稀可辨管钻旋痕，是从更高的器体上裁切而来。

玉锥形器（后头山 M18：12）

长 6.5、宽 0.45～0.5、孔径 0.22 厘米

黄白色。不规则形，三面平、一面弧凸。尖部呈单面斜坡状，榫部呈双面斜坡状，器身有一个桯钻小孔。器身可见一道线切割痕迹。

第二单元　早期良渚

2.3

平民墓葬

———

　　与瑶山M1、北村南M106和官井头M64等墓葬大致同时期的平民阶层墓葬可以庙前第一、二次发掘西区M7、M9、M10、M12、M14、M19、M24、M27、M28、M29、M30、M31为代表。这批墓葬虽然也有璜的出土，但不见圆牌，为良渚古城遗址范围内良渚文化早期偏早阶段的平民阶层。

　　另在北村北（M45、M46、M48、M57、M67、M72、M77、M78、M80、M82、M85、M88、M89、M95、M96、M99）、 梅 家 里（M3、M5、M6、M7、M9）、梅园里（M1、M3、M4、M5、M10、M26）、凤凰山（M28、M29）、南王庙（M36、M39、M59）等遗址也有这一阶段的平民墓葬分布。现以梅家里、梅园里、凤凰山、南王庙诸墓为例介绍平民墓葬出土陶器。

▲ 梅家里 M3 出土陶器组合

▲ 梅家里 M6 出土陶器组合

▲ 梅家里 M7 出土陶器组合

▲ 梅家里 M9 出土陶器组合

第二单元　早期良渚

❶

▲ 梅家里 M7 出土陶器

❶ 陶豆（M7:6）　❷ 陶塔形器（M7:7）

❷

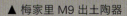

▲ 梅家里 M9 出土陶器

❶ 陶圈足盘（M9：4）

❷ 陶豆（M9：5）

❸ 陶圈足罐（M9：7）

第二单元　早期良渚

▲ 梅园里 M1 出土陶器组合　　　　　　　　　▲ 梅园里 M3 出土陶器组合

▲ 梅园里 M4 出土陶器组合

▲ 梅园里 M5 出土陶器组合

❶

❷

▲ 梅园里 M1 出土陶器

❶ 陶鼎（M1：7）

❷ 陶豆（M1：8）

▲ 梅园里 M3 出土陶器

❶ 陶过滤器（M3：1）

❷ 陶甑（M3：3）

❶

❷

第二单元 早期良渚

▲ 梅园里 M4 出土陶器

❶ 陶豆（M4：2）

❷ 陶圈足罐（M4：3）

❸ 陶鼎（M4：4）

▲ 梅园里 M5 出土陶器

❶ 陶圈足罐（M5：5）

❷ 陶鼎（M5：6）

❸ 陶豆（M5：8）

▲ 陶圈足罐（梅园里 M10：4）

▲ 陶双鼻壶（梅园里 M26：2）

▲ 凤凰山 M28 出土陶器组合

▲ 凤凰山 M29 出土陶器组合

❶

❷

❸

▲ 凤凰山 M28 出土陶器

❶ 陶豆（M28：1）　❷ 陶豆（M28：4）

❸ 陶鼎（M28：6）　❹ 陶甗鼎（M28：7）

❺ 陶圈足盘（M28：8）　❻ 陶豆（M28：9）

❹

❺

❻

❶

▲ 凤凰山 M29 出土陶器

❶ 陶圈足盘（M29：1）

❷ 陶圈足杯（M29：11）

❸ 陶豆（M29：13）

❹ 陶圈足罐（M29：14）

❺ 陶鼎（M29：15）

❻ 陶甗鼎（M29：16）

❼ 陶过滤器（M29：17）

❷

❸

❹

❺

❻

❼

▲ 南王庙 M39 出土陶器组合

❶

❷

▲ 南王庙 M39 出土陶器

❶ 陶圈足盘（M39:1）

❷ 陶杯（M39:8）

❸ 陶圈足罐（M39:9）

❹ 陶豆（M39:10）

❺ 陶鼎（M39:12）

❻ 陶甗鼎（M39:13）

❸

▲ 陶双鼻壶（南王庙 M59：1）

❹

❺

❻

良

◆ 经过百余年的发展，良渚王国迎来了第一个『盛世』，出现了以瑶山 M12 和反山 M12 为代表的王墓，创制了完整的神人兽面纹，也即神徽，标志着宗教形态的成熟。

◆ 良渚古城开始了规划和营建，莫角山、反山、水利系统等一系列伟大工程均营建于这一时期，良渚古城遗址的范围已达到 100 平方千米，良渚文化的对外影响力也达到空前的地步。

渚

第三单元

盛世

良渚

3.1

盛世王墓

　　瑶山M12和反山M12代表着两代王者，前后衔接甚为紧密，也是良渚遗址群目前所知最高等级的墓葬，标志着良渚王国进入第一个"盛世"。

　　瑶山M10、M7、M12、M2和M11、M6属瑶山墓地的最晚阶段，也是瑶山最辉煌的阶段。M12是瑶山墓地等级最高的墓葬，出土7件玉琮等重要遗物。该墓虽然被盗，年代信息遭到毁灭性的破坏，但从37件刻纹玉管看，带有龙首纹向神兽纹发展的过渡形式，其相对年代应视为与瑶山核心墓区一体。鉴于出土了在反山王陵可以视为"王冠"的一组4件半圆形饰，瑶山M12应为早于反山M12的王者之墓。

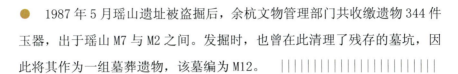

● 1987年5月瑶山遗址被盗掘后，余杭文物管理部门共收缴遗物344件玉器，出于瑶山M7与M2之间。发掘时，也曾在此清理了残存的墓坑，因此将其作为一组墓葬遗物，该墓编为M12。||||||||||||||||||

● M12遗物共344件，均为玉器。大型玉礼器有琮7件、钺1件；中型玉礼器有成组半圆形饰1组4件、成组锥形器1组9件（均为琮式锥形器）、冠状器1件、三叉形器1件、刻纹匙1件、刻纹匕1件；小型玉礼器有长管3件（其中刻纹长管1件）、柱形器10件、琮式锥形器1件、琮式管1件、小型端饰3件、琮式管串1组37件、器座1件。||||||||||||||||||

▲ 玉琮（瑶山 M12：2784）

▲ 玉琮（瑶山 M12：2785）

▲ 玉琮（瑶山 M12：2786）

▲ 玉琮（瑶山 M12：2787）

▲ 玉琮（瑶山 M12：2788）

▲ 玉琮（瑶山 M12：2789）

▲ 玉钺（瑶山 M12：2792）

▲ 成组玉半圆形饰（瑶山 M12：2806）

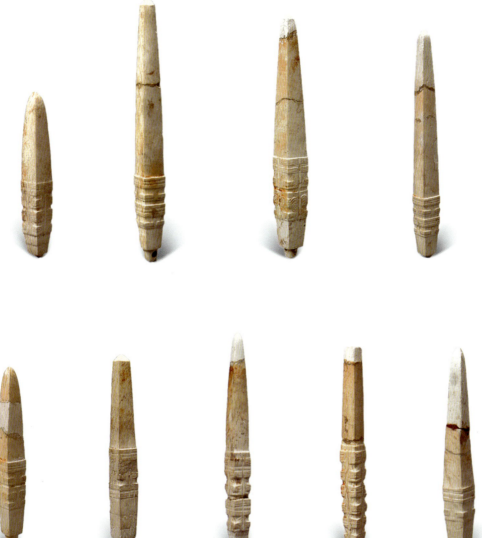

▲ 成组玉锥形器

（从上至下、从左至右依次为瑶山 M12：2816 ~ 2824）

▲ 玉冠状器（瑶山 M12：2850）

▲ 玉三叉形器（瑶山 M12：2807）

▼ 玉匙（瑶山 M12：2836）

▲ 玉匕（瑶山 M12：2837）

▲ 琮式玉长管（瑶山 M12：2808）

▲ 琮式玉管（瑶山 M12：2825）

▲ 琮式玉管（瑶山 M12：2826）

〈反山 M12〉

● 反山 M12、M16、M17 是反山墓地的最早阶段，也是反山最辉煌的阶段。M12 是反山墓地乃至整个良渚文化等级最高的墓葬，出土 6 件玉琮，包括玉琮王、玉钺王。开始出现少量大孔玉璧，出现全形的神人兽面纹，也即神徽，玉礼器发展成熟。反山 M12 是瑶山 M12 的后继者，推测也是良渚古城莫角山、反山、水利系统等的规划者和营建者，标志着王国形态的成熟。

● 反山 M12 墓坑南北长约 3.10 米，东西宽约 1.65 米，深约 1.10 米。墓向 188°，头朝南。墓底筑有凹弧状的棺床。出土遗物包括玉器、陶器、嵌玉漆器和陶器四类，共 170 件（组），以单件计共 658 件（不含玉粒和玉片，包含玉粒、玉片达 1093 件），其中玉器 159 件（组），以单件计 647 件（不含玉粒和玉片，包含玉粒、玉片达 1082 件）。大型玉礼器有琮 6 件、钺 1 组 5 件、权杖端饰 1 套 2 件、璧 2 件；中型玉礼器有成组半圆形饰 1 组 4 件、成组锥形器 1 组 9 件、冠状器 1 件、三叉形器 1 件、刻纹柱形器 1 件（M12:87 琢刻神人兽面纹 12 幅，其中 6 幅为完整神徽）、镯 1 件；小型玉礼器有长管 2 件、柱形器 3 件、锥形器 2 件、龙纹管 2 件、琮式管 11 件、柄形器 1 件、小型端饰 8 件、坠饰 1 件。另有嵌玉漆器 2 件，嵌玉漆杯和嵌玉圆形器各 1 件。‖‖‖‖‖‖‖‖‖‖‖‖‖‖‖‖‖‖‖‖‖‖‖‖

● M12 是反山王陵的核心墓葬，也是迄今发掘的良渚文化墓葬中等级最高、拥有神徽最多的王墓。‖‖‖

▲ 反山遗址发掘完工照

▲ 反山 M12 完工照

1. 陶宽把嵌玉翘流壶

2. 陶大口缸

3～5、109. 琮式玉管

6. 陶罐

7. 陶鼎

8、9、60～66、70、71、73、84、
115、116、126、127、133～136、
165、167. 玉管

10、11. 玉长管

12～58、120～124. 玉粒

59. 玉镶插端饰

67. 陶豆

68. 嵌玉漆圆盘

69、75、128～132、139、142、143、
149、156. 玉管串

72. 半球形玉隧孔珠

74、114、117. 玉锥形器

76. 玉柱形器盖

77～79、85. 玉半圆形饰

80.（带盖）玉柱形器

81. 玉冠状器

82. 特殊玉长管

83. 玉三叉形器

86、119. 玉贯孔端饰

87、89、102. 玉柱形器

88. 玉镶嵌端饰

90、92、93、96～98. 玉琮

91. "权杖" 玉镦

94. 玉镯形器

95、111. 玉璧

99、104、106～108. 石钺

100-1. 玉钺

100-2. 玉钺镦

101. 玉卯孔端饰

103. "权杖" 玉瑁

105. 玉钺瑁

110. 玉柄形器

112、113、164. 玉樽头端饰

118. 玉锥形器套管

162、163. 玉鼓形珠

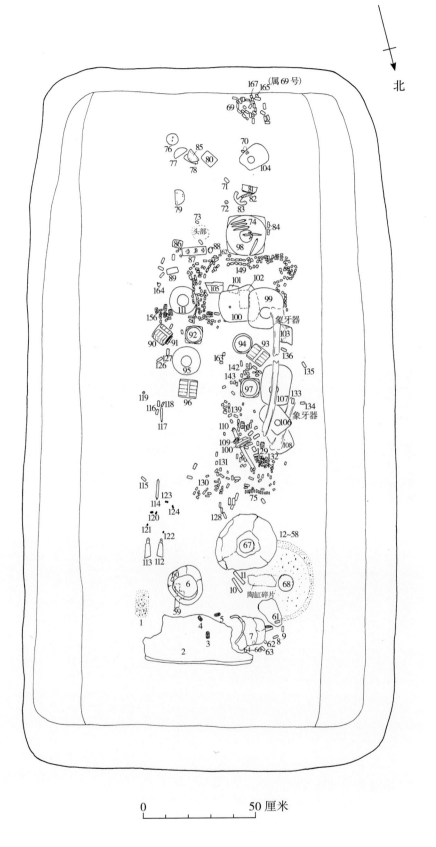

▲ 反山 M12 平面图

0　　　　　　　50 厘米

北

▲ 反山 M12 出土的 6 件玉琮

❶ 玉琮王（反山 M12：98）　　❷ 玉琮（反山 M12：90）　　❸ 玉琮（反山 M12：92）

❹ 玉琮（反山 M12：93）　　❺ 玉琮（反山 M12：96）　　❻ 玉琮（反山 M12：97）

▲ 玉琮王（反山 M12：98）

▲ 玉琮（反山 M12：90）

▲ 玉琮（反山 M12：92）

▲ 玉琮（反山 M12：93）

▲ 玉琮（反山 M12：96）

▲ 玉琮（反山 M12：97）

▲ 玉钺（M12：100-1）上神徽图像

▲ 权杖

（瑁，反山 M12：103；镦，反山 M12：91）

▲ 玉璧（反山 M12：95）

▲ 玉璧（反山 M12：111）

▲ 成组玉半圆形器

（1组4件，从上至下依次为反山 M12：77～79、85）

74-1 74-2 74-3 74-4 74-5 74-6 74-7 74-8 74-9

▲ 成组玉锥形器（反山 M12：74）

▲ 刻纹玉柱形器（反山 M12:87）

▲ 玉冠状器（反山 M12:81）

▲ 玉三叉形器

（1组2件：三叉形器，反山 M12:83；长管，反山 M12:82）

▲ 玉镯（反山 M12:94）

▲ 琮式玉锥形器

（锥形器，反山 M12:117；套管，反山 M12:118）

▲ 琮式玉管（反山 M12：109）

▲ 琮式玉管（反山 M12：168）

▲ 琮式玉管（反山 M12：169）

▲ 琮式玉管（反山 M12：3 ~ 5）

▲ 龙纹玉管（反山 M12：129-1、129-2）

▲ 嵌玉漆圆盘（反山 M12：68）

▲ 陶宽把嵌玉翘流壶（反山 M12：1）

3.2

营建王城

距今 5000 年前后，莫角山、反山、水利系统及城墙等大型工程陆续营建完毕，形成良渚古城遗址的整体格局。古城遗址主要由城址区、水利系统、郊区聚落三部分组成，占地面积达 100 平方千米，规模极为宏大。

● 城址区占地 6.3 平方千米，由宫庙区、内城和外城三部分组成。莫角山宫庙区位于古城的正中心，面积近 30 万平方米，其上分布有 3 座宫庙台基、35 座房基和 1 处大型沙土广场，推测是国王及高等级贵族居住和举行仪式的场所。在莫角山以南分布有皇坟山台地，是一处面积稍小的宫庙区。皇坟山以西的池中寺新发现包含近 20 万公斤的炭化稻谷堆积。宫庙区以西分布着反山、姜家山等王陵和贵族墓地。宫庙区以西的钟家港河道内出土大量制作玉器、石器、漆木器的半成品和废料，说明河道两侧可能存在各类手工业作坊。 ‖‖‖‖‖‖‖‖‖‖‖‖‖‖‖‖‖‖‖‖‖‖‖‖‖‖

● 内城城墙略呈圆角长方形，南北长约 1910 米，东西宽约 1770 米，总面积近 300 万平方米，共发现 8 座水城门，另在南城墙中部发现陆城门 1 处。内城墙以外，分布着扁担山—和尚地、里山—郑村—高村、卞家山及东杨家村、西杨家村等长条形高地，均为人工堆筑而成，构成古城的外城，合围面积达 6.3 平方千米。城址区（外城以内）人口大约为 15200 ~ 22900 人。

● 古城西北部的水利系统由 11 条水坝组成，主要修筑于两山之间的谷口位置，并确认溢洪道 2 处，这个系统可形成 13 余平方千米的库区和拥有 4600 余万立方米的库容量，可能兼有防洪、调水、运输、灌溉等诸方面的用途。 ‖‖‖‖‖‖‖‖‖‖‖‖‖‖‖‖‖‖‖‖‖‖‖‖‖‖

● 城址区东部和北部分布有大量的郊区聚落，占地 30 多平方千米，由数百处台地遗址组成，其中已经发掘的庙前聚落组被视作典型的小型村落遗址，以姚家墩为中心的聚落被视为中型聚落遗址。 ‖‖‖‖‖‖‖‖‖‖‖‖‖‖‖‖‖‖‖

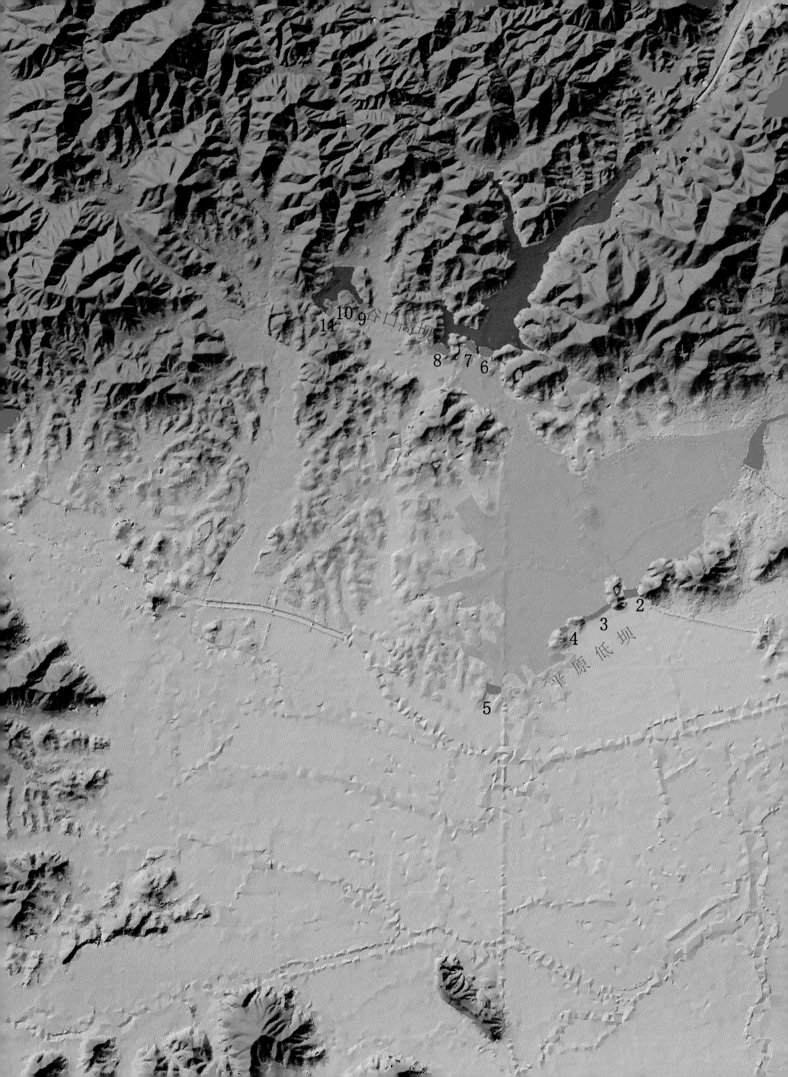

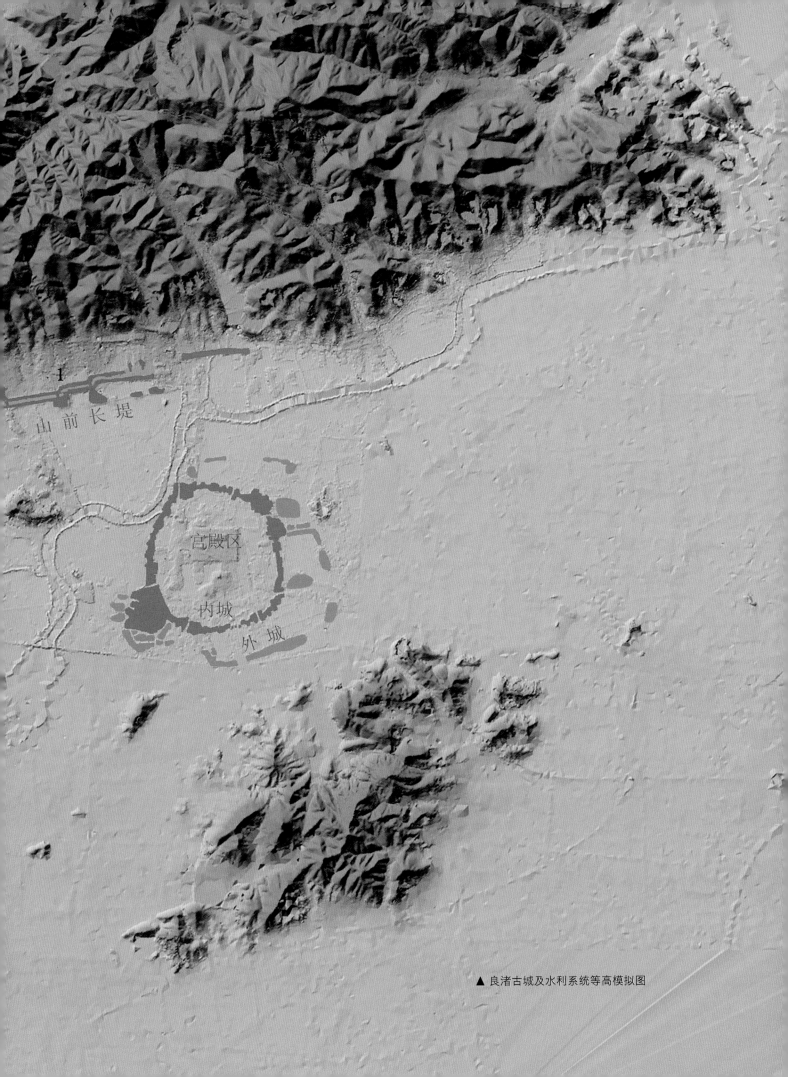

1

山 前 长 堤

宫殿区

内城

外城

▲ 良渚古城及水利系统等高模拟图

尾声

　　良渚古城遗址申遗成功，标志着良渚遗址真正走向世界，标志着中华五千多年的文明史得到国际学术界的公认，成为全人类共同的文化遗产。从单体遗址的发掘，到提出良渚遗址群的概念并确认良渚遗址在良渚文化分布区的核心地位，再到发现良渚古城遗址及其外围水利系统。良渚考古的重要发现和突破是几代考古人在一地不懈坚守、接续奋斗得来的。这些丰硕成果不仅为中华文明起源研究提供了有力的物证，也是对考古人坚韧与执着的最好回报。

　　考古不是书斋里的学问。对于良渚遗址这样一处规模巨大的土遗址，我们有欣喜，有感佩，也有焦虑，但更多的是希冀和展望。步入后申遗时代，我们将结合"考古中国""中华文明探源"等重大课题，持续深耕良渚遗址考古研究，全面深入揭示与呈现遗址价值，树立独具"良渚特色"的全国大遗址考古与保护典范。

【左页图】
反山王陵 12 号墓

　　作为国家重点研发计划课题"长江流域文明进程研究"（课题编号2020YFC1521603）和"中华文明起源进程中的生业、资源与技术研究"（课题编号 2020YFC1521606）及国家文物局"考古中国"重大项目"从崧泽到良渚：长江下游区域文明模式研究"的阶段性成果，浙江省文物考古研究所联合良渚博物院、中国江南水乡文化博物馆策划了"早期良渚——良渚遗址考古特展"，展期从2021年11月19日至12月12日。本次展览是良渚申遗成功以来的首次大展，系统梳理了北村、官井头、玉架山等遗址的最新考古发现，以及瑶山、庙前、吴家埠的考古成果。本次展览策划共分为"前夜良渚""早期良渚""盛世良渚"三个单元，汇集了近300件精美文物，以玉器为主，其中许多展品是首次面向公众展出。展览全面展示了距今5300～5000年之间，良渚古城建成之前良渚文明和良渚王国的形成过程，试图解答良渚社会形成和发展的谜题。展览总策划为方向明、周黎明、梁慧娟、吕芹，项目协调为罗晓群、陈明辉，策展人为陈明辉、李曼、林袁顺，活动策划为刘安琪等。在展览期间策划了一场云导览和三场云讲座，云导览由策展人之一的陈明辉进行，三场云讲座分别为赵晔的《早期良渚的构建——官井头》、姬翔的《早期良渚的构建——北村》、方向明的《早期良渚的构建——瑶山》，均取得了很好的效果。

　　本图录是在此次展览框架的基础之上补充完善大量新资料而成，由于展览空间有限，许多未能上展线的重要器物在图录中得以披露，最终图录中收录的器物达500余件。而图录迟至2024年才得以出版，归因于2021年开始启动的《良渚玉器全集》项目，因疫情等种种原因，该项目的器物拍摄迟至2023年7月才全部完成，图录文稿2024年1月也才完稿。《早期良渚》所选用的新出土器物的照片及相关描述均来自《良渚玉器全集》项目，因此《早期良渚》的定稿和出版也不得不延宕至2024年。

如同展览一样，本图录也是浙江省文物考古研究所与良渚博物院、中国江南水乡文化博物馆的共同成果，图录的具体编撰由浙江省文物考古研究所陈明辉执笔完成，浙江省文物考古研究所赵晔和王宁远、姬翔提供了官井头、北村的最新发掘成果资料，由此撑起了展览和图录的主体内容。浙江省文物考古研究所所长方向明、杭州良渚遗址管理区管理委员会副主任蒋卫东慷慨赐序。在图录的编撰过程中，也得到了良渚博物院夏勇和浙江省文物考古研究所朱叶菲的协助。器物图片方面，除了崧泽文化玉器和瑶山、反山等玉器使用了原有的照片外，大部分玉器的拍摄由章益林完成，而大部分陶器的拍摄则由浙江省文物考古研究所林城完成。瑶山、北村、官井头部分墓葬的复原图是浙江省文物考古研究所张念哲在方向明所长的指导下完成的。

因编者学识所限，图录难免有所纰漏，望学界批评指正。

陈明辉

2024 年 9 月 20 日